U0041219

平凡小日子

有没有我家老公的八卦 ？

平凡小日子

有没有我家老公的八卦？

Nanda

目錄

第一章

唰
啊
拿

1話 ✧ 我的寒假

♪最喜歡play了♪
朋友們都過來吧♪
鈴鈴鈴

雖然我在這個世界上最喜歡到處play，爽爽過日子，但……

第一集結束後，休息三周左右，再開始進行第二集好嗎？
出版社的總編大人
啊！三周嗎？
三周左右的話，我會完全地…

鬆・懈・
呃～不用，我休息兩周就可以。
瞬間清醒

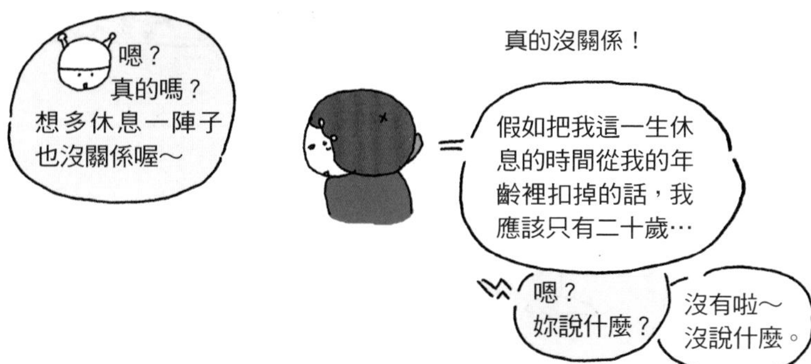
嗯？
真的嗎？
想多休息一陣子
也沒關係喔～
真的沒關係！
假如把我這一生休息的時間從我的年齡裡扣掉的話，我應該只有二十歲…
嗯？
妳說什麼？
沒有啦～
沒說什麼。

我這個清醒的女人就要求了短短兩周的寒假。

啊—
這兩周該做什麼好呢？

照老樣子來看的話，兩周差不多可以盡情地揮霍個三天。
實際感受：兩周＝三天
這麼短的時間要怎麼珍惜使用，真難呢！
什麼？

如此開始了我的兩周間寒假日記。

西元 2010年 10月 19日 天氣

題目：美味晚餐

滋
滋
嗶
嗶
嗶
嗶

我回…
滋
滋
回來啦！
快煮好了，
再等10分鐘～

今天我讓韓先回家後10分鐘內就嚐到美味晚餐。

是因為這段日子都沒有好好準備而感到愧疚之故。

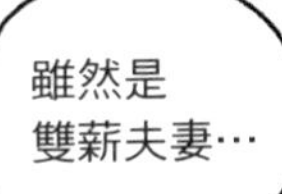
雖然是
雙薪夫妻…

但我覺得在公
司上班的人的
確是更辛苦。

幹嘛
滋 滋

沒有啦…
在廚房的妳
看起來好陌生…

從冬粉雜燴
到炒馬鈴薯
還有黃豆芽湯？!
嗚哇～
今天是我的生日吧？
菜色跟餐廳的一樣豪華

因為韓先很開心，我也跟著開心。

今天做的好事：	明天要做的事：
下廚給韓先吃， 飯後也是我來收拾～	準備韓式烤肉。

西元 2010年 10月 21日 天氣

題目：智慧型手機

呀～！！
終於來了！
真好呢～

韓先收到了兩個月前預訂的智慧型手機，

馬上完全沉溺於其中。

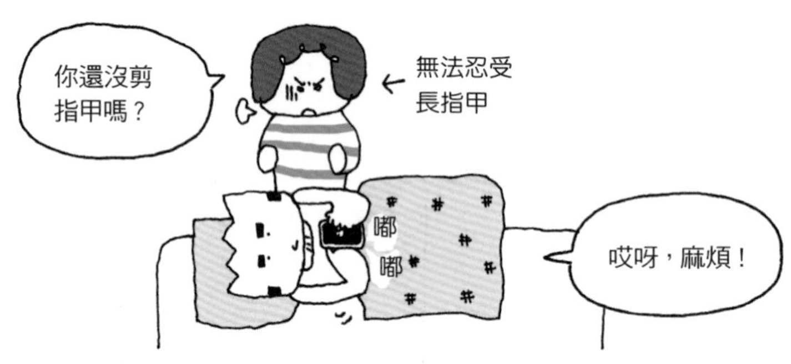
你還沒剪
指甲嗎？
無法忍受
長指甲
嘟
嘟
哎呀，麻煩！

如果有會自動
剪指甲的APP
就好了～

嘟
嘟

但是我覺得陷入APP萬能主義的韓先很討厭。

而且他還常常一副高傲的樣子瞧不起我的手機，

更讓我生氣。

使用智慧型
手機的人也
要有智慧。

可是你沒有啊？

笨女人。
我剛剛可是用了同
步化的功能，輕鬆
地下載了舊手機的
通訊錄跟簡訊呢！

嗯……

平凡小日子

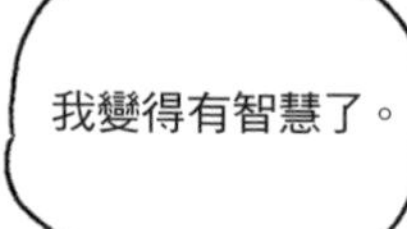
我變得有智慧了。

從某種
角度來說。

那個智障型
手機啊

你現在都叫
我的手機是
「智障型手
機」喔…
好像被當成
BB call一樣的感覺

是BB call
沒錯！

真令人生氣。

今天做的好事：	明天要做的事：
努力用衣架做了個手機座給韓先。	詢問我的手機現在解約要多少違約金。

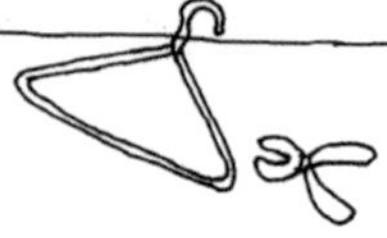

……

西元 2010年 10月 25日
天氣

題目：寂寞

因為今天網站更新，所以只好先關了部落格，
加上因為智慧型手機的出現，和韓先的對話也變少了，
每天說話的空間消失了，我感到非常寂寞。

…
好寂寞…
想要跟人
說說話～

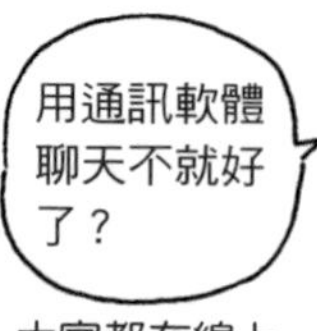
用通訊軟體
聊天不就好
了？

大家都在線上

啊，不知道
為何總覺得
即時聊天很
有壓力⋯

標示離線中

啊！那到底想怎樣！
你很煩！

走開啦，妳這可惡的傢伙

今天做的好事：	明天要做的事：
傳訊息給好久不見的朋友們。	重新打開部落格。

西元 2010年 10月 28日	天氣    

題目：書店

去了久違的書店，吸收了長達四個小時的雜知識。

為什麼雜誌上
的星座運勢全
都不見了？
嘖！這個世界未免
也太瀟灑了！

傍晚和下班的韓先一起回家，
雖然他一直用智慧型手機的世界來誘惑我，
但是我要堅持我的節操到底。

超有趣的～
聽聽看～
算了不要了，今
天我的腦袋已經
裝滿知識了。

今天做的好事：	明天要做的事：
做了件超級好事但不能說。	明天再想。

西元 2010年 10月 30日 天氣 

題目：美髮院

今天和韓先一起去了美髮院。
韓先現在非常趕流行，剪了個時尚好打扮的頭髮，
我則是剪了最乾淨俐落的髮型。

帥氣！
現在應該也聽不進「個人意見」的話了吧…

今天做的好事：	明天要做的事：
積極地參與美髮師的對話。	畫第25話。

寒假結束

2話✧我變了

下一站
是終點站

咦？

剛剛忽然感受到
某種非常悲傷的
氣氛，是什麼呢？

心裡卡卡的，
是什麼呢？
有種難受又冷寂
的感覺

啊！
應該是在玻璃
窗上看到了臉
的投影…
法令紋變得
更深了

雖然我一直覺得自己不化妝也還能看，充滿了自信，

浴室燈光
喔，還不錯嘛！

?

總之，
先化吧！
刷
刷

但也是沒化妝就不出門。

過了秋天，
曾經長過也消失過的法令紋乾脆在我臉上安定下來了，
緊急地塗上了高機能營養乳液後，
反而沿著法令紋長出了一粒一粒的小痘痘。

・・・・・・・
是星座圖嗎……

更讓人鬱悶的是最近發生的許多事件。

事件1

是誰要用的呢？
妳本人嗎？
選擇棉被中
不是，
是要給
弟弟的～

弟弟快過來！
要自己喜歡才好

總之她把我看成
是弟弟了！
因為我說了弟弟
就讓她誤會了…

所以我才
不減肥啊！
還不是因為你變胖
皺紋都撐開了！瘦
下來的話一定會變
得皺巴巴的！
呀
閉嘴。

事件 2

◇◇◇◇◇◇◇◇◇◇◇

等等先不要動，
我照張照片作成
手機大頭貼～
哦？
嗯……

不⋯不能用。
欸⋯⋯
搞什麼⋯⋯

事件 3

叮咚
叮咚
嗯！
安亞來啦？
剛睡醒。

趕快進…

謝謝你們的
工具箱。
BOSH
安亞換髮型啦！
很美呢～
嗨～
安亞
快速變裝

那下次見囉！
嗯！
掰～
BOSH

咔
BOSH

平凡小日子

BOSH
......

啊？

OK啦！
妳OK的啦！
什麼？！什麼？！

苦澀的11月。

✧結束✧

3話✧家的幻想

待洗的碗盤又堆積起來了。

呃
以為小精靈會
幫我打掃…

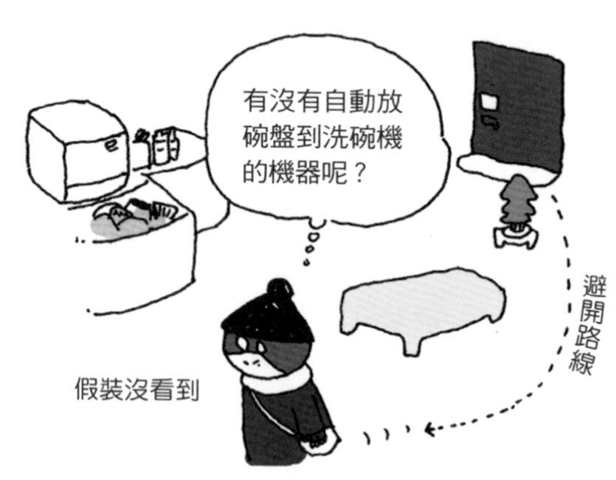
有沒有自動放
碗盤到洗碗機
的機器呢？
避開路線
假裝沒看到

所有的收納空間都塞得滿滿的。

這個遊戲機的箱子可以丟掉嗎？
常常會絆到腳
笨蛋
正品箱子是電玩職人的生命。
只知其一的女人

能夠逃離這個塞爆的家的方法只有一個！

搬
家
Check It Out！
What?

其實如果按照原本的計畫，去年就應該搬家了。

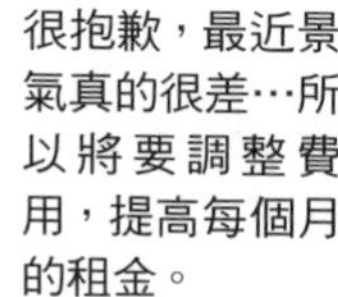
很抱歉，最近景
氣真的很差…所
以將要調整費
用，提高每個月
的租金。

← 房東太太
啊…這樣啊！
沒關係。我
先跟老公商
量看看。

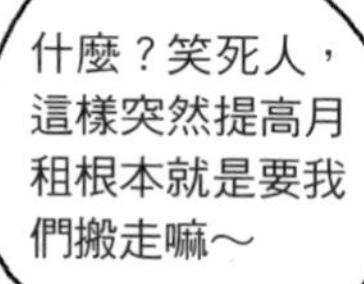
什麼？笑死人，
這樣突然提高月
租根本就是要我
們搬走嘛～

什麼都漲，
只有薪水沒漲！
這是房東的暴力！
才不是突然呢。
反正我們的合約
就要結束了～
房東不能隨心
所欲的話，幹
嘛當房東！

住「帝寶」就另當別論……
而且有房子的人不一
定就是有錢人喔！
不要只想著房客
的權利，也要想
想房東的權利。

這傢伙
想要搬家啊！
← 討厭搬家

沒錯，不懂事的我，
馬上就有了想要搬到新家的想法。

Cafe
所以這就是我想要住的地方～
安亞
希望能夠有很多樹木。

早晨一打開窗戶就有陽光灑進來，
還可以看到鬱鬱蔥蔥的森林。

那住到郊區
不就好了？
她的真心建議

不只是這樣！

哐

平常可以與自然相伴，享受安靜的散步，

飯後的水果是
好久不見的橘子
哎呀橘子
已經盛產了～

偶爾也可以變身為冷酷都市女子的地方。

剛剛寄送出去了，
收到的話請回覆。
不客氣。
因為我是這方面的專業，
只是做我該做的事而已。
Espresso

B.G.M：Walk In Love—Manhattan Transfer

附近還要有可以晨跑的地方，
能夠享受運動品牌廣告風格的好地方。

BGM是
天后蔡Jolin的
「我呸」！
不要再放
BGM了
只要有外國人
馬上變成中央公園

雖然遠離吵鬧的市區，但是
偶爾還可以在凌晨穿著睡
衣前往24小時的麥當勞，
同時還是根據CPTED
設計原理，治安非常
完善之處！

每條小巷都有警衛是基本的！

※CPTEDC
(Crime Prevention Through Environmental Designs)：英國的犯罪預防理論。以住宅區域的地理環境設計，創造出不易犯罪的環境。

平凡小日子

我想住在那
樣的地方。
妳去住在鋼鐵人
隔壁吧！

但是，現實與夢想當然是有差距的，而且不小……

這是大學生住過而且
考上高考的房子。
光照不進來
那又怎樣？

我從沒想過自己會是貧窮的，

和媽媽講電話
喔，雖然有
看到喜歡的
房子 …
但是貸款
負擔太重。
不是啦！你們應該再跟
房東商量看看
到處看房子看到累死了

炸雞咖哩
來了～
好
不用啦，
不用商量…
媽我要吃飯了，
等等再打給妳。

嚼

面對現實和金錢之後感到難過。

但幸好能再繼續住在現在的房子裡。

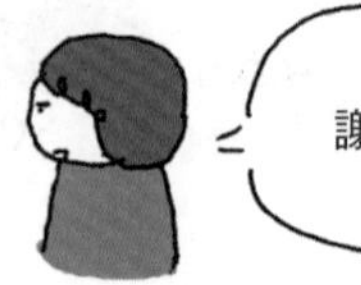
要找到沒問題的房客
也不是那麼簡單啊！
謝謝您。
討論結果：稍微調降月租金

嗚，
剛剛用網路看
房子，房東一
天之內就提高
了50萬元。
真大膽

我真的很喜歡
那房子，要不
要用全額貸款
挑戰看看？
還是乾脆跟
我老爸借錢？
反正一樣
都要付利息……

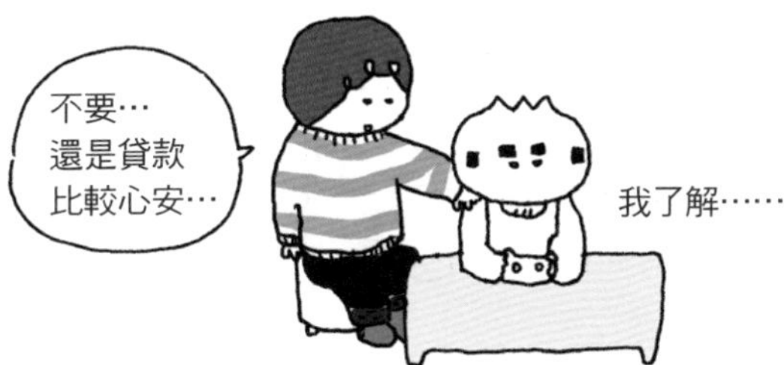
不要…
還是貸款
比較心安…
我了解……

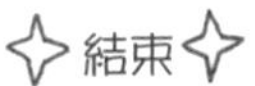
結束

我們能夠在首都擁
有自己的房子嗎？
沒問題的！
總有一天！

還是一輩子都
租房子住也沒
關係嗎？

嗯嗯！
我都沒關係～

啊，僵屍成群跑出來了～
爆彈！爆彈！

清理完畢！

我從僵屍手下
守護了我的家！

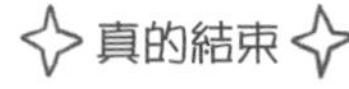
真的結束

4話 ✧ 雞蛋之王

一進入了社區超市，

唰啊
拿
歡迎
光臨

馬上自然地選購了最便宜的衛生紙。

特價
三層裝飾
喔～
那麼晚了還有。

仔細想想，只有新
婚的時候才購買
高級的衛生紙…

要買洗髮精
跟牙膏，還
有髮蠟。
我這幾天都用
肥皂洗頭
你每次都
用完才說。

要買哪
一種油？
最便宜的
黃豆油。

上次不是買了
葡萄籽油？
說是對身體好
啊，黃豆油
對身體也好。
都是廣告啦！

呃啊！
忘記買米了！

米在那個角落，
快去拿來！

白米10公斤的！

奔跑

嗯！

10公斤的～
有很多選擇～
要買～哪種～！

最便宜的！

什麼～？

買～最～便～宜～
的～～！

O.K~!

…

呼！
10kg

平民還是貧民……

瞬間感到焦躁的我，

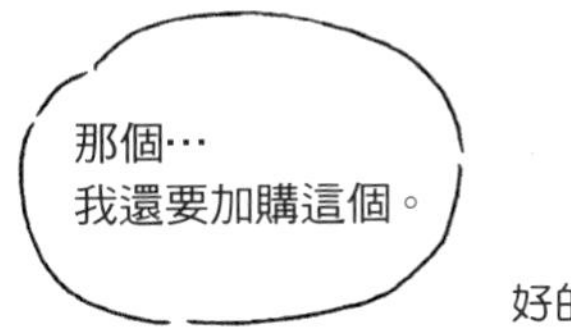
那個…
我還要加購這個。

好的，客人—

不知不覺地買了昂貴的雞蛋。

快樂成長的
健康母雞所產的
天然
葉酸
有機蛋
產卵日期：2010.

↖ 價格是平常買的雞蛋的2.5倍

但是從那天之後，

……
快樂成長的健康
母雞所產的有雞蛋

雞蛋造成了麻煩與困擾。

你的夢想
是什麼？
蛋蛋大人
恭敬

用雞蛋炫耀。

你家沒有
那個吧？
雞蛋名字
怎麼那麼長？

雞蛋需要允許。

姊姊我可以
吃這個雞蛋嗎？

幹嘛要
徵求許可

雞蛋需要學習。

啊啊！
產卵日期很
重要啊！

來看看～
產卵日期…欸！
是今天凌晨呢！

嗚哇哇哇～
今天凌晨產下的雞蛋
竟然在我手裡了～

物流真神祕！

不得不感嘆一下
物流結構的厲害。

雞蛋需要介紹。

你現在吃的雞蛋
是今天凌晨產下
的雞蛋呢！

對雞蛋感到敬畏。

可以把
如此高貴的雞蛋放
在這種泡麵上嗎？
辛

……
打起精神來！
看「我們這一家」的時候就得到過教訓啊！！
搖頭搖頭
不行！不行！
我會覺得太可惜、捨不得而沒辦法好好享受，是愚蠢的做法啊！
辛
辛

然後在雞蛋終於吃完的時候，
我居然還鬆了一口氣。

平安無事地都吃完了……
沒有壞掉浪費……

而且也得到了好的教訓。

呼～
果然有錢人
的生活也不
容易啊！

小市民才是幸福。

哪來的有錢人

✧結束✧

雞蛋啊！再見～

5話 ✧ 無法忍受!!

因為頭髮長了，
所以韓先就試著改變造型。

抓
抓

叫你去美髮院都不去，很奇怪欸！
沒關係，不奇怪～
我出門了

上班路上

喔，韓大哥，頭髮放下來了～
立起來的比較好呢！
啊，是嗎？

公司

喔！哥～
你換髮型啦？
之前立起
來那個比
較好看。
是嗎？

老韓，
你的頭髮—
啊，您要說之前的
髮型比較好嗎？

組長是
第三個這樣說的人

不是。

無法忍受！！
你的髮型像
程式設計師。

寧願你說俗也不要像
程式設計師

呃！怎麼可以這樣對待組長！

電梯門
要開了
叮

T恤的領口
鬆了呢！

不知道為何我所
有的T恤領口都
很快就鬆了。
啊哈！
那是因為穿脫的方
式有問題才這樣。
如果你照我教你的
方式做的話就不大
會鬆囉～
老韓你平常是怎麼
脫衣服的呢？

不知道。每天都是
老婆幫我脫的。
無法忍受！！

同時間在家裡……

弟弟來了！

唷～
好久不見～
為啥來的？
為啥呢？

來炫耀新買
的鞋子嗎？

沒錯。
還有姊姊
新買的乳霜
無法忍受！！
現在連句客套話
都不說了嗎？
你又怎麼知道
我買了新乳霜？

……

來。
金多蝦！

拍
拍
塗抹的感覺不錯呢！

啊，對了，
我昨天去做
腋下永久除
毛呢～

無法忍受！！
不是約好了
一起去做嗎！！
背叛者
有約嗎？

⋮
⋮

還有四堂療程要做，
下次再一起去吧！
賀！
他想要除腿毛

結束

嗯？嗯？
就相信
我一次嘛～

我有自信
會剪得很好！
電視購物買
的美髮剪刀
這個買來後
一次都沒有用過呢～嗯？
怕怕
…

嘩啦啦～
別擔心～別擔心～
畫圖的人，
手巧是基本的～
相信你！
真的！

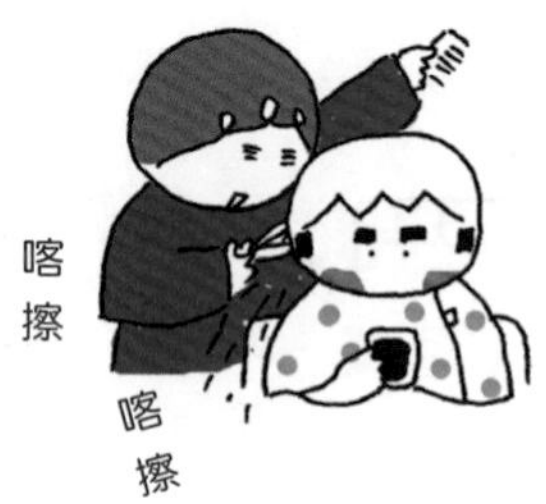
喀擦
喀擦

喀擦
喀擦

喀擦
喀擦

翻找
翻找

去美髮店吧！

無法忍受！！
不行吧！
跟我想得一樣

真的結束

6話 ✧ 澡堂搓搓樂

那是剛搬來首爾的2007年初夏。

超市
那個…請問您知道這個社區的公共澡堂在哪裡呢？
這附近沒有，要越過上面那個山丘，搭車10分左右可以到一個蒸氣房。

從牙刷到家具，所有生活用品都準備好了，
但只有一個遺憾……

幸運 超市
得要搭公車才能去澡堂…首爾果然是個可怕的大城市…

那就是——

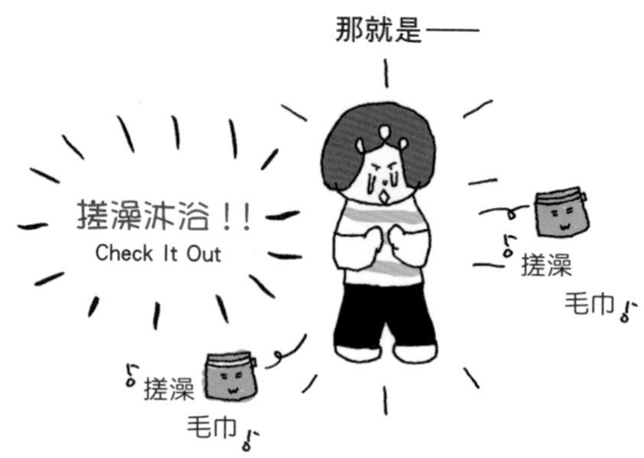
搓澡沐浴！！
Check It Out
搓澡
毛巾
搓澡
毛巾

沒錯。新搬入的社區讓人陌生，

找不到大眾澡堂，所以已經有兩個月左右沒有搓過澡了。

但我絕對
不是骯髒
的孩子…
乾淨
潔癖
我是偶爾在洗臉
的時候，還會仔
仔細細地洗兩次
的女人呢！

Anyway

在我如此懇切地徘徊尋找澡堂的同時，歲月一逐漸流逝……

一半醃料一
半炸雞要多
少錢呢？
啃的炸雞
199元。
好的，
請幫我打包。

為了找尋新的炸雞店，有一天，我來到了比平常更遠的地方。

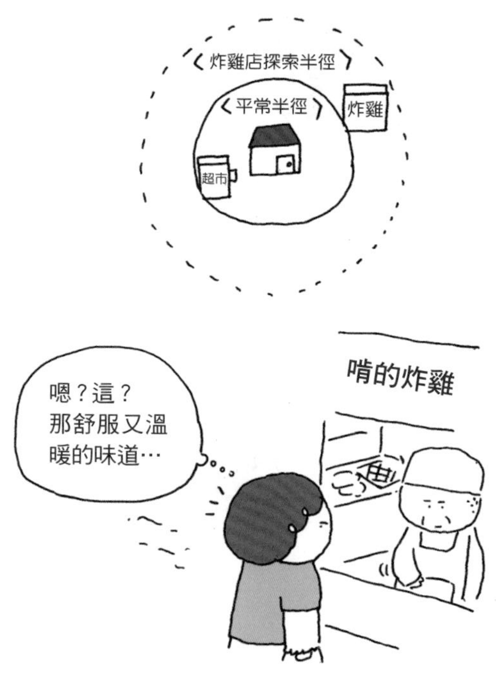
〈炸雞店探索半徑〉
〈平常半徑〉
炸雞
超市
啃的炸雞
嗯？這？
那舒服又溫
暖的味道…

民湯
電信公司
民
湯
免費
無料
啃的炸雞
炸
雞
喔！！

發現了離家6～7分鐘距離的澡堂。

↖ 平常沒走過的路

其實仔細想想的話，
在居民眾多的社區內應該不可能沒有大眾澡堂，
因為對一切感到陌生的理由，先感到了恐懼，
連好好在社區內轉一圈的念頭都沒有。

找炸雞店的時候又
動了什麼念頭？

吵死了，呸！
這次也很難吃！

總之，就這樣開始了我的社區澡堂初體驗。

100元唷。
價格也跟釜山一樣。
請給我一條搓澡毛巾。

嗚哇，還有粉紅色的搓澡毛巾呢～
好喜歡搓澡毛巾的顏色！
嚓嚓嚓嚓♪

然而──

沒有搓・背・機！

※搓背機

按下按鈕，裝上巨大搓澡毛巾的圓板
就會一邊迴轉一邊幫你搓背，
為了單獨洗澡者的高科技機器。

嗡
嗡

缺點：
為了能夠平均地搓到整個背部，
需要以看起來不雅觀的動作
上上下下移動。

沒有……
偷瞄
偷瞄
真的沒有……

曾經聽說過搓背機器只有特定地區有，
沒想到是真的呢！

誰說首爾是
Metro City？！
好像是工作的時候聽到的

我對首爾的幻想破滅了！

慌張的我只好向搓澡大嬸求助。

→ 雖然釜山也有，但大部分的人都使用搓背機器

那個…
請問搓背要
多少錢呢？
50元要先
結帳。

出生後第一次遭遇的搓澡大嬸。

第一次嗎？
啊…是的。
唉呀，菜鳥
最麻煩了。

是想到什麼就直說的大嬸個性。

轉過去吧！
免費幫妳也搓一下前面囉！
唰
啊
謝謝您。

但也是走溫情路線的。

吃過晚飯了嗎？

沒有～等等回家吃。

那為什麼肚子那麼膨？

但真的是想到什麼就說什麼的個性……

雖然陌生但成功地結束了在首爾的第一次澡堂。

時間過去，不知不覺間我也在首爾大眾澡堂邁入了第三年。

喔…
那位奶奶…
不就是上星期
坐在我身邊，
幫我搓背的那
一位？

謝謝您～
換我來為您搓背！
不用，不用～
我每天都來，
不需要搓了～

再坐到她旁
邊不大好吧？
嗯

看到我的話，
又會幫我搓背了，
感覺很不好意思……

……

但，
這裡的位置比較好，
就在池子的旁邊。
唉呦，如果位置不好的話……

喔？
您好嗎？
嗯？
不是那新媳婦
嘛—
又見面了～

快過來，
我幫妳搓背。
沒關係
嘿嘿～

我太邪惡了，對不起。

✧結束✧

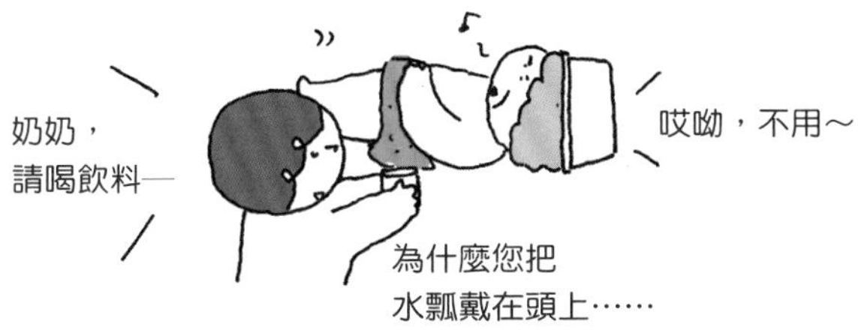
奶奶，
請喝飲料—
哎呦，不用～
為什麼您把
水瓢戴在頭上……

7話 ✧ 兔子君來了

我的弟弟兔子君是一位有~~能力~~的廣告影片設計師。

「有能力的」
為什麼要刪掉？

因為我沒有直接看過你工作的模樣。

我是個會永遠追求正確性的姊姊

而且不是廣告，
是Motion⋯⋯

好，
那個Motion
我也知道！

當年弟弟剛踏入職場時，
以社會前輩的角色跟他說了很多內心深處的建議，
就好像是昨天才發生的事情一樣。

聽說廣告界
有許多過勞
死的案子。

我朋友
這麼說～

啊，
跟妳說不是廣告了

如今弟弟已經成為了堂堂正正的社會人士，
過著忙碌的生活，也很難常常見面了。

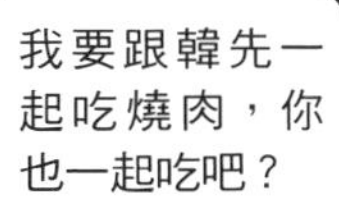
我要跟韓先一
起吃燒肉，你
也一起吃吧？

算了。
我加班到很晚很累，
打算在家裡休息。
跟姊夫兩個人吃吧！

是嗎？
那明天早上上班之
前來我家一趟。

怎？
我買了你的衣服，
來試穿看看～

……

那，
那我現在…
過去一下…？
不要結巴

弟弟難得來我家的時候，

弟弟來了。
來，穿穿看。
喔，Thank you，我會好好穿的。

我不知為何，就會以激動的心情，
開始跟他炫耀這段期間我家裡累積的新事物。

看看這個～買了跳舞遊戲～

跳得好吧？跳得好吧？

看看 看看

好醜欸？

我要把姊姊現在的動作拍成影片上傳

但是弟弟，

看這個～
烤地瓜專
用鍋子，
可以烤出真正
的烤地瓜！
幹嘛買？
買烤地瓜來吃不就好了

看這個～
透過電視購物買了
60包熱狗，
我們平常買的冷凍熱狗，
都是皮很厚而臘腸很少
不是嗎？
這個產品不一樣喔！
滿
滿
瘋了！
不要用廣告的腔調

是個冷淡的男人。

對了
看看這個～
啊，
又有什麼？
是這次新買的
卸妝乳液～

要不要樣品？
嗯嗯
聽說因為沒有介面活
性劑成分，很多皮膚
科醫生都推薦喔～
頂尖推銷員的氣勢！

但偶爾也是個熱情的男人。

偶爾，我也會請熱情的男人兔子君喝咖啡。

看看這個～
我的雨傘會自動
折起來喔！
喀擦
啊！
夠了

到了年末突然變得寂寞的兔子君……

姊姊呀…
嗯？

當他向姊姊述說苦惱的時候，就必定變成不成熟的弟弟。

轉頭
不知道為什麼，
我啊…
好像結不了婚的樣子。

但是他的姊姊是——

喔，好像沒錯！
我的預感
一向很準的
閉嘴

更不成熟的女人＆不合格的安慰者。

寂寞的男人兔子君最常說的話是：

春天

姊姊呀
我好像交到
女友了！
喔～真的？
恭喜啦！

夏天

姊姊呀
我好像交到
女友了！
喔～
真的？

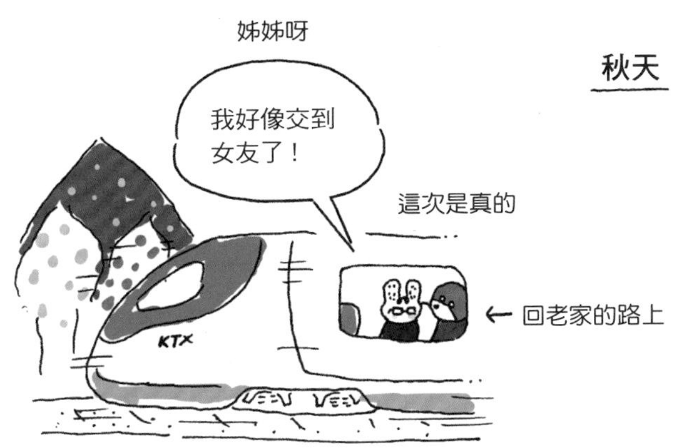
姊姊呀
我好像交到
女友了！
這次是真的
KTX
← 回老家的路上

秋天

冬天

姊姊呀
我好像交到
女友了！
出去的時候順便
幫我丟一下那
邊的回收垃圾。

你上次不是說
好像交到女友？
啊…
那個？
只是想要買
冬天外套。
還是買衣服
比較好吧！

嗯？
神邏輯
…

走囉！
嗯，
走吧！

叮咚
叮咚
請問是誰？

姊姊，
是我。
忘了什麼嗎？

喏！
核桃
雞蛋糕
我喜歡的核桃雞蛋糕。

走囉～
我會好好
享用的～

啊，
過來這裡一下。
幹嘛。
快點快點。

哎呀～
好乖好乖。
摸摸
摸摸

我的弟弟兔子君，來來又去去。

結束

8話 ✧ 爸爸和我

幾年前有一次，爸爸邊照鏡子邊感嘆的說——

咿呀～
怎麼？

終於學會把頭髮從中分變旁分的方法了。
比想像的難
噗

常常會忘記，爸爸也有爸爸自己的世界與時間。

現在
應該很會也常常旁分了吧？

我們三個在家裡聚會的時候，

你爸爸
那樣說啊～
旁邊的人心裡
都快氣死了！
高中生兔子君
爸爸本來就不
大會察覺別人
的情緒。
喔，
這方面特
別遲鈍。
自己之外的都不知道
待業Nanda

就會說爸爸的壞話。

而且你爸還以為
自己很敏感。
啊哈哈
哈哈

我們主要都是在聊爸爸奇特又不體貼的個性。
與情緒完全表現在臉上的媽媽不一樣，
爸爸的個性是比較木訥的。

我在烤肉，
來吃口看看。
嗯…
老爸怎麼突
然要我吃他
的食物…

咻
這個好吃欸。

別再吃了。
嗯…
對子女的愛
只有一口…

喜歡的東西是酒與下酒菜、

老爸，
還有麵嗎？

只有我一個
人吃的份。

鮪魚湯麵、

哈哈
真是的！
好聰明～
好聰明～

動物王國。

雖然大部分的時候，
我都完全不了解爸爸在想什麼，
關不關心家人的事情。

妳說寒假什麼
時候開始？
從上個星期
就已經開始了哦！
小魔
神話
戰記

但偶爾也是有默默注視著我的時候。

第一次穿國中制服的時候
什麼？
默默注視
沒有
什麼。

要開始化妝的時候
啊，
幹嘛？
默默注視
沒有
幹嘛。

雖然我知道爸爸為什麼會這樣看著我，

下雨了
回去妳
房間啦

我女兒看著
雨水沉浸在
思緒之中嗎？
長大了
嗚嗚
〈 爸爸的O.S. 〉
默默注視

但我覺得不好意思所以多半逃開了。

呵呵

結婚之後，好幾個月才會回娘家一趟，

我回來了～
回來啦～

平凡小日子

以前感覺不到的歲月，流逝速度變得很明顯，
心情也變得複雜。

要記得吃飯
嗯
爸爸忽然變老了。
上廁所～
默默注視
呵呵

「默默注視」的次數也變多了。

默默注視

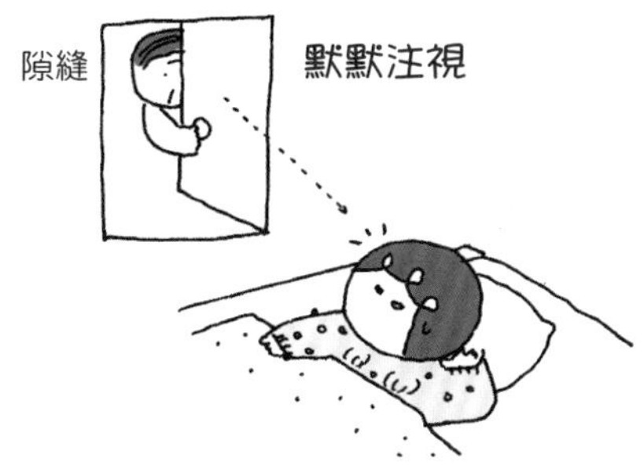
隙縫
默默注視

老婆，
孩子去哪啦？
←廁所內
東張
西望

老爸，
我走囉！
這麼快？
家族相本
嗯，老爸，
那個…我…

好，今天——

今天可以開車載我到車站嗎？

在車子內和老爸聊很多天吧！

那個…
可能不行。
什麼？

老爸我
今天有點累…
現在差不多
要去睡了
不聲不響
啊，知道了
我又越過
線了啊…

爸爸就是爸爸。

結束

我們Nanda
很像爸爸吧？
非常像

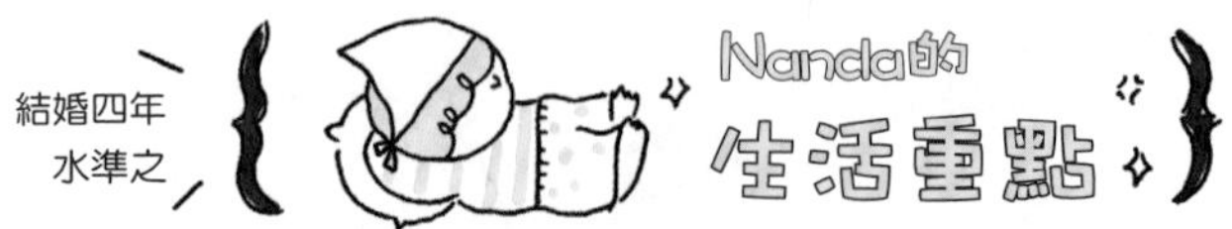
結婚四年
水準之
Nanda的
生活重點

電擊！過敏性鼻炎退治法

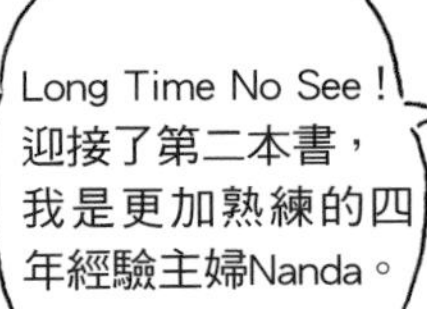
Long Time No See！
迎接了第二本書，
我是更加熟練的四
年經驗主婦Nanda。

吸
吸

鼻炎人口500萬的時代！！這次我真的要告訴大家有用的生活重點一「過敏性鼻炎退治法」

・熱水洗烘寢具

過敏性鼻炎的主要病原塵蟎是吃著人類身上掉下來的角質維生的。

愛用熱水
洗烘功能

每個星期都洗一次的話太累…
差不多兩周會用熱水洗一次寢具。

・整理睡床周邊

以前為了收納方便，
利用床底下的空間擺東西。

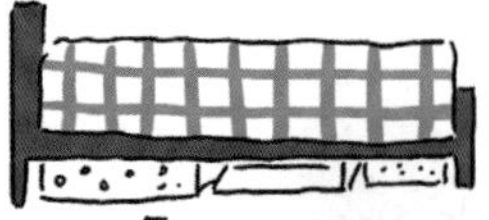
清空床底的雜物

不但累積灰塵，打掃也很辛苦，
就果斷地把它整個清空了。

・使用抗過敏產品

在床墊上包著
防止塵蟎入侵
的床單

（※雖然廣告說100%防止塵蟎入侵，但那是不可能的，不過也比一般綿質床單好。）

尤其枕頭會直接接觸到鼻子，
用兩層枕頭套包起來更好。

抗過敏枕頭套
＋
一般枕頭套

狹窄的空間吸塵器伸不進去，
就用不織布拖把來打掃灰塵。

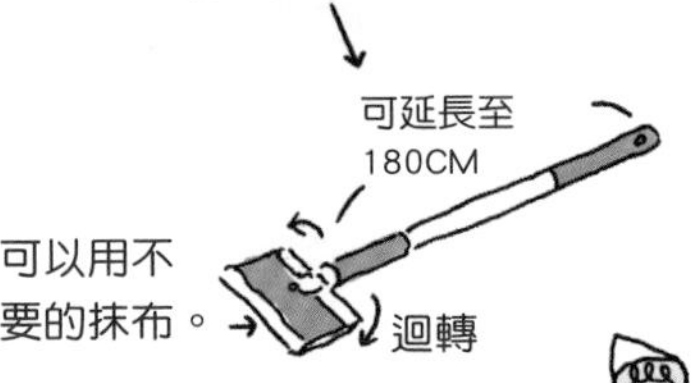
可延長至
180CM
可以用不
要的抹布。
迴轉

結束

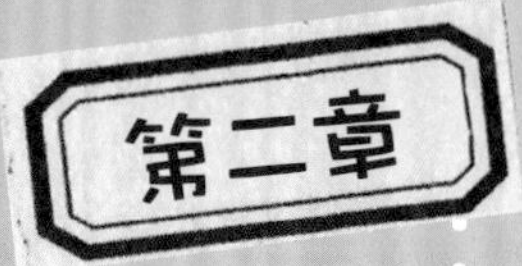
第二章

啊，好燙
啊，好燙～～
嚓
嚓
嚓
嚓

噗

9話 ✧ 老公研究者

剛結婚時充滿粉紅色泡泡的日子，
就好像是昨天一樣。

今天一起去大賣場吧！有很多要買的東西。
嗯？
我不去！

不知不覺地已經邁入能好好使喚老公的第三年婚姻了。

出來，快點。
先出門
嗯…
就會跟上

抱怨抱怨
碎唸
碎唸
姊夫不是很討厭逛街走來走去嗎？
壽司特賣～！
啊，沒關係。
韓先，
去那裡選10個
壽司來。
嗯！嗯！
選什麼好～
選什麼好～
就是現在！
去看廚房用品吧！

那裡好像
有遊戲賣場？
嗯！嗯！
go go
遊戲體驗
NEW
孩子們
快點結束！
說什麼。
這個怎樣？
還好～

但不是一開始就那麼平順的。

雖然結婚前談了六年戀愛，幾乎每天都碰面，

Bus
公車來了
搭下一班

但我所了解的韓先不過是冰山一角罷了。

韓先冰山
Since 1981.

從住在一起的第一天開始了大規模的Update。

晚安。
嗯，
妳也晚…

三秒內就
睡著啊…
呼嚕嚕嚕嚕
吵死了……
呼嚕
呼嚕嚕嚕嚕
呼嚕呼嚕嚕
呼嚕
呼嚕喀喀
喀喀
喀喀
欸欸
呼…
搔…
搔…
ㄎㄎ

啊妳幹嘛！
彈起
嚇

哼
生…生氣了……
真的對我生氣了……
第一次看到韓先生氣

從那天開始，我就認真地投入了研究老公大戰。

呼嚕嚕
< Update情報>
1. 腳底很敏感。
2. 馬上睡著。
3. 打呼聲很嚴重。
研究日記
記錄

呼嚕呼嚕…
我只是開玩笑…
你好過份…

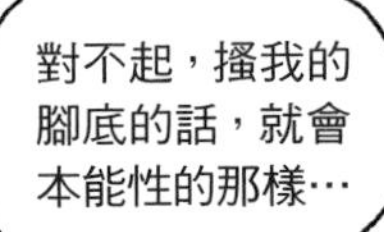
對不起，搔我的
腳底的話，就會
本能性的那樣…

呼嚕嚕…

呼嚕嚕…
記錄
真是的…
怎麼能夠睡覺睡一半
還很認真地對話呢…？
睡覺說話都顛三倒四的人

瞭解和我不同的人的生活細節。

快點把杯子
內的飲料喝
乾淨。
我已經
喝完了呢！

說什麼啊？
還有剩下的啊！
我本來就會留個
1CM，因為底部
有很多沉澱物。
只有像妳一樣窮人家的
小孩才會喝那麼乾淨～

這是多麼令人驚訝又有趣的事情！

喝完的杯子
給我
還有
剩下呢！

《韓先剩下記》
啊，
他都這樣
那是啥鬼……

人真的很有意思。
喜歡的人更有趣。

你不是說只睡
30分鐘午覺嘛？
趕快起床
嗚嗚⋯

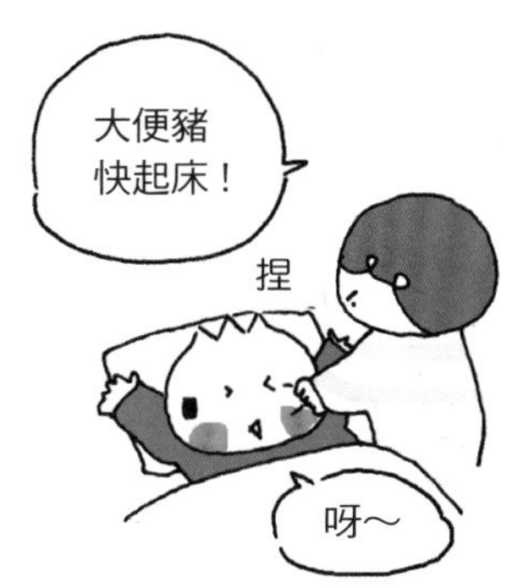
大便豬
快起床！
捏
呀～

欸，
之前叫他大便豬
的話會不爽⋯

大便豬～
呀喔～

野山豬～
唷咿～

蜂蜜豬～
嘿～

大胖豬呀！
太過分……
我很胖嗎？

所以今天也……

對於老公的研究與實驗，繼續調整份量中。

還不能夠
叫他大胖豬
記錄

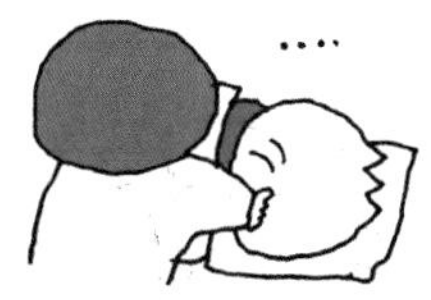
不胖～
不胖～
你只是肉肉的
……

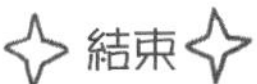
結束

10話 ✧ 可愛男人

啊，好燙！！
啊咿！
韓先
答應幫我煮泡麵

啊，好燙！
啊，好燙～！
哎呀

噗哧

啊，好燙
好燙～
嚓
嚓
嚓
嚓

噗

很愛撒嬌的韓先。

怎麼那麼晚
回來～
哎唷～
怎麼
那麼熱情？

你叫炸雞來
吃了對吧？
嘖
沒有！
我沒有吃喔！

這是什麼？偷
偷叫來吃還不
做垃圾分類？
炸雞盒子

給我
站住！
跑跑跑跑跑

想逃到哪去？！

躲

呃

「做錯事就會用撒嬌來掩飾的韓先」
我是如此定義的。

跟貓熊一樣光靠可愛來生存的傢伙！
嗯嗯！
下次不准再說謊！

其實剛開始交往的時候，韓先也跟其他男人一樣，
不喜歡「可愛」這個字眼。

妳…為什麼喜歡我？
因為可愛。
0.1秒內的回答

不是因為…性感
或是帥氣嗎？
很性感也
很帥。
不開心
但這世上沒有比
可愛更厲害的了！
肯定

多虧了我的指導，韓先潛藏的可愛魅力大爆發！

你的武器
是可愛～
但是要會打蟑螂
理想對象：
會打蟑螂的
可愛男人
是的！
櫻木
10
抖抖

磨蹭
今天吃
什麼好？
嗯…我想吃
垃圾食物！

呀～
…好吧！
吃那個。
嘻嘻

不知不覺間，拋棄了對一般男人Man感的迷戀。

我死的時候，也
要可愛的死去～
什麼？
怎麼可愛法？

放在棺材裡面的
時候，幫我把腳
底碰著腳底。
像這樣
把腳彎起來
噗哈哈哈
可愛！

只要我開口
就能讓她哈
哈大笑？

看那個好可愛
喵～
那我呢？

開始執著於裝可愛。

結婚之後，這症狀就愈來愈嚴重……

Nanda～
Nanda～
過來一下～！
幹嘛～
我很忙欸！
快點！
快點！
妳看
這個～
滋滋
一邊騎健身腳踏車
一邊煮飯
呵呵～
啊不就好棒棒？
滋滋
煮好飯再叫我

嗯…
滋滋

甚至開始研究與進行可愛的實驗。

聽說傍晚會下雨，幫我去頂樓拿晒好的衣服下來。
嗯。

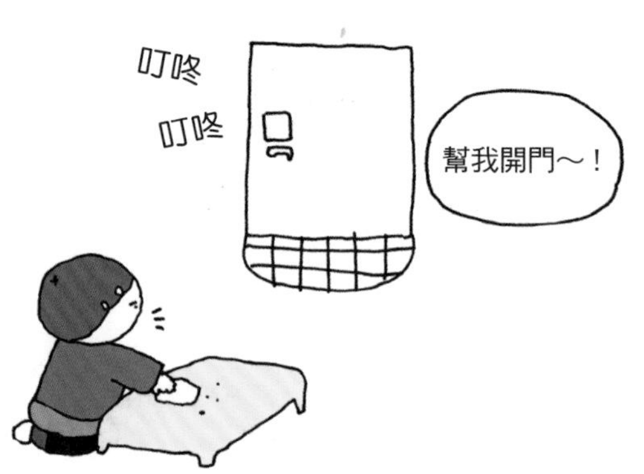
叮咚
叮咚
幫我開門～！

自己開門
不就…

收好了！
把棉被蓋在頭上
準備接受讚美中
呃咿……

呵呵～
你忘了重
要的事！
安西教練

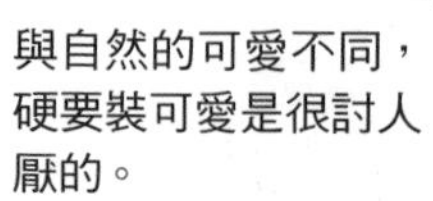
與自然的可愛不同，硬要裝可愛是很討人厭的。

現在停下來比較好。

教練…

教練的全盛時期是什麼時候呢？…
呼
櫻木
呼
國家代表的時候嗎？

我…

我是現在！
呼！
櫻木
10
呼！

可愛死了吧～
叫我小可愛～

叫你不要做了！
花再美，看久了也會生厭！

結束

呼！

11話 ✧ 別讓老公不開心

雖然是兩人共同生活的家，
踢

呃…
倒塌
但不小心踢到的都是我的東西。

韓先，這格子內的遊戲雜誌都是過期的，可以丟掉嗎？
妳在說什麼？這些全都是記載著超越時代、如鑽石恆久遠般的遊戲祕訣雜誌！

可是……

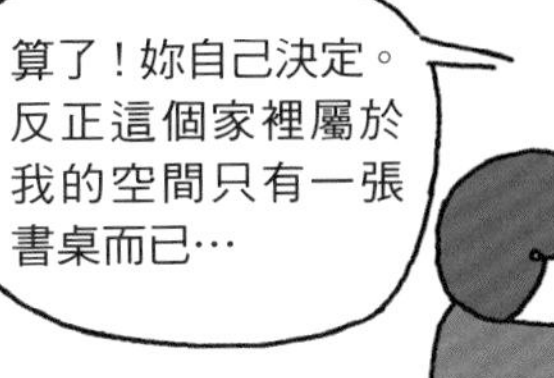
算了！妳自己決定。
反正這個家裡屬於
我的空間只有一張
書桌而已…

在結婚前為了讓狹小的房子看起來寬闊，
購買的小家具們都已達到了收納極限。

好看但收納能力
不足的三層書櫃
只有這裡是
韓先的書
都是我的書
也是…

結果只好打破空間設計的框架，
購買了不漂亮但是有驚人收納力的五層櫃。

笨
重
韓先，那邊有門的那排櫃子就給你了，專門放你的書。
喔，真的？

忽然
最棒最棒！這是到現在為止妳為我做的事情中最棒的一件事了！
我九年的歲月都比不上…

嚐噠啦啦♪

噠啦啦啦♪

結婚生活三年……
終於出現一個自己專屬的空間，
雖不大但很珍貴。

在這五格的空間內，慢慢裝滿我的夢～

人體模特兒
遊戲設計
3DMAX
實戰！
遊戲開發
實戰

尤其最滿意的地方，就是有門的櫃子！

現在可以避免灰塵或是Nanda的毒手，可以安全又乾淨地保管我的遊戲收藏品了～
嚓嚓嚓

嗯…？
呼呼！
已經整理結束，
沉浸在感動之中

…韓先，這本書
可以放在你那…
啪
不准！！

為什麼？
你的櫃子還剩
下很多空間！
莫名生什麼氣
再也…

再也不讓妳奪走…
什麼？

我的帳戶！！！
存摺
0#
我的身體！！！！

我的一切都被妳這傢
伙給奪走了，只有這
裡不能被奪走！！
MAX

… …

不要過來
不要過來
踢

好…好的…

別讓老公不開心。

結束

12話 ✧ 幫胖男人買衣服的方法

突然某一天，

Coffee
幫男友選衣服
真的很難。

安亞向我求助。

妳都怎麼幫老
公買衣服？
閃亮

呵呵
好，仔細聽著！
我就在這裡告訴
妳如何幫胖男人
買衣服的方法！
Check It Out
因為被問到了熟悉的
事情而興奮
不是，
我男友並
不胖。

其實我在剛開始
的時候也覺得幫
胖男人買衣服真
是一件難事…
我男友一點
也不胖！
不要為了故事
的進行就犧牲掉細節！

來～
我來幫你

就如同大部分平凡的男人一般，韓先也很討厭逛街購物。

我喜歡購買
遊戲喔～
閉嘴

再加上韓先的體型是胖胖的，選擇不多，

我很胖嗎…？
不胖，
不胖，
你只是肉肉的！

因此對買衣服一事更是興趣缺缺，
所以婚後韓先的衣服都是我幫他選購的。

你的舊衣服全都丟了吧！從今以後你將變身成大都會的性感男人。
舊衣服
那是什麼

那是苦痛的開始啊……

大肚腩的胖感男人……

首先，喜歡的款式都沒有尺寸。

太小
什麼？
那是最大的了！

喏
又得要換了

噢！
在網路上以「大尺碼」來搜尋的話…
嗯嗯！

只有流氓裝和嘻哈服裝而已…

尺寸合適的衣服都很難駕馭。

因此有一段時間我開口閉口都是——

如果我要做生意的話，就要做好看的大尺碼服裝生意。
到處跟朋友們這麼說
這是3年前的事了，
最近有了很多不錯的店家～

總之，反正不是我要穿的，對於痛苦的購物感到厭煩的我，

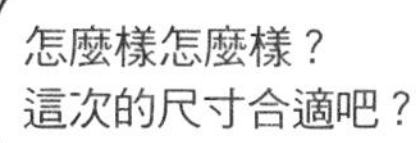
怎麼樣怎麼樣？
這次的尺寸合適吧？

嘿嘿

尺寸可以，
但是設計不
怎麼樣…

就這樣穿吧！！！

我們國家根本就
沒有你可以穿的
衣服！！！
砰
我穿
我穿

在極度的壓力之下，

今天為什麼沒有穿我挑選的衣服？！你知道我選得有多辛苦嗎！！
呀

因為是去軍隊……

甚至徹底放棄過。

我去上班了。
喔…
穿運動服。
今天早上在地鐵裡和朋友聊天的時候，遇到了姊夫呢！
是喔？

我朋友們本來都蠻憧憬姊夫的，因為我常常跟他們說姊夫是個能力佳又擅於自我管理的人。
然而……
然而什麼？

沒有，
沒有什麼…
究竟要說什麼

老公看起來沒精神，為什麼好像變成我的錯一樣。
結果所有的麻煩又再重新開始了。

畢竟也幫肉肉型男人挑選了幾年的衣服，
也找出了幾個訣竅。

1. 以平常穿著合適的衣服為基準，
測量尺寸並記下來，
購物的時候記得帶皮尺一起出門。

手臂長62，
肩寬47，
胸圍58…

請給我這件！
好的，客人
咻咻

2. 即使是相同的尺寸標示，但每一家牌子的實際大小可能會不一樣，要常常確認。

第一次看到
的牌子…
挑戰？
請問這家店最大
的尺寸是多少？
您好，
是XL
這裡的XL是這樣。
T恤的XL太小的話，襯衫、
外套的XL也會太小
尤其是韓國的
牌子會更小

3. 把尺寸合適的牌子都記下來，
每次換季的時候都去逛逛尋找新產品。

又是Uniqlo！
該死的Uniqlo！！
看，連你都膩了

4. 只要有大尺寸，不管如何先買下再說。
(最大的尺寸通常很快就賣光)

5. 不管再怎麼好看，只要不能換貨的衣服都不要買。
(皮尺的測量是有限度的，還是要實際試穿才知道是否合適。)

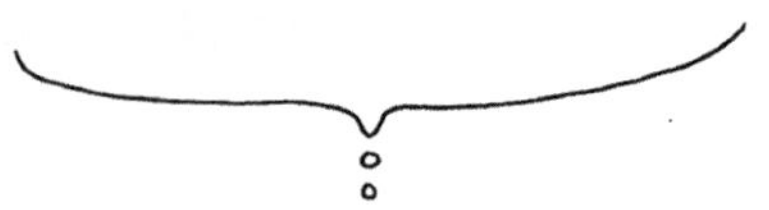

了解了嗎？
呵呵

但是…

只要跟韓先一起
去買衣服不就解
決了嘛？

說到這個……

加油！

✧結束✧

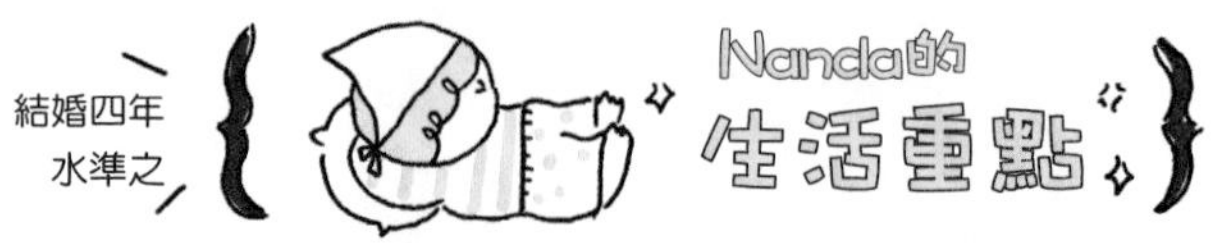
結婚四年
水準之
Nanda的
生活重點

搞定肚子餓的老公

個性慢吞吞的我，煮飯的速度也很慢，
常常會讓韓先發狂。

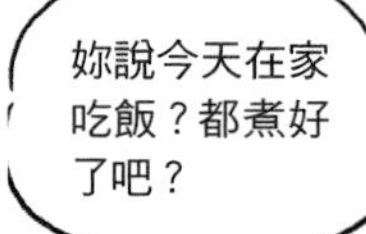
妳說今天在家
吃飯？都煮好
了吧？

咕嚕嚕
嗯，剛從市場回
來，很快就好。

現在開始做的話要三個小時才會好！！
我肚子餓了！
我們隨便出去吃吃啦！！
嗚
嗚
打滾
打滾
你幾歲啊？

TIP
此時將稍微切幾塊豆腐，
煎一煎之後做成開胃小菜
給他。

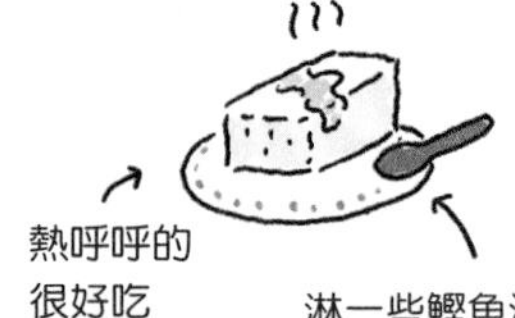
熱呼呼的
很好吃
淋一些鰹魚湯或是
海苔粉

馬上就可以
搞定。
熱量又低
賢明的我

沒有豆腐的時候就只能用話來搪塞。

我也肚子餓，
還要忍受痛苦
來煮飯呢！
喔…

結束

第三章

獨自看完電影
回家的路上
是雪欸
嗯
下雪了呢

13話 ✧ 夫婦外出

這個周末是韓先公司同事的婚禮。

呃，可以在公共場合(？)穿的衣服一件也沒有。
←我的衣櫥內只有在家裡適合穿的衣服
沒有時間讓你東挑西挑了啦～！

當然有
哪一件看起來比較好？
領子皺皺和口袋皺皺之中，
皺皺
皺皺

口袋皺皺的。
Nice Chioce.
不愧是我選的男人
快點穿上

好冷喔！
圍巾給我。
我更冷。
口袋用外套
遮起來

你至少有很
多肉啊！
哼，我不只很
有肉，我還很
有心呢！

⋮

要不要乾脆搭
計程車去？
會不會塞車呢？

哼！我不只很
有肉，我還很
有心呢！
我故意忽視
你的。

也許是因為好好打扮才出門，所以就有了約會的氣氛，
韓先開始試著向約會對象表演奧林匹克搞笑。

↖
雖然是搞笑，但是有意義的搞笑

請載我們到
緣定今生婚
禮會場。
哪裡？
緣定…
緣定今生
婚禮會場。
那是哪裡？
心聲婚禮會場？
不是，
是緣定今生…
圓山站2
號出口。
欸！

是緣定今生婚禮會場，首先先載我們到圓山站2號出口。
好的，客人。
就在2號出口附近。
好的

歷經千辛萬苦(？)終於到達了婚禮會場。

這位是～
還有這位是～
沙沙
您好～常常聽我老公提起您～！
您好～

結婚典禮是我們以夫妻名義參加的唯一公共活動，

為了要看起來像是個好老婆，我費盡心思。

您好，請問是羅先生沒錯吧？之前見過一次…
裝熟
這是我老婆
燦笑
燦笑
他也費盡心思
您好
呼，果然見了陌生人就沒辦法展現我真正的面貌。
好老婆的面具

不知怎麼的，我感到有點空虛。

妳…

還是別把自己
的真面目展現
出來的好…
韓先莫名地感到滿意。
非常喜歡好老婆面具

就這樣夫婦外出留下了微妙的意見不同，
以此結尾。

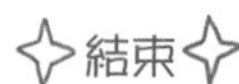
結束

14話 ✧ 平凡對話

◇ 平凡對話1 ◇

Good Deal
喔喔！好像是與外國買家的成功交易呢！

…我們的人生不會有那種畫面吧？
我有欸！

...

那我的人生會有
那種畫面嗎？
當然不會。

◊ 平凡對話2 ◊

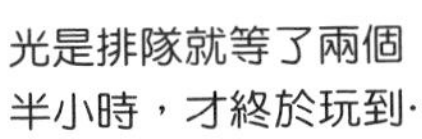

光是排隊就等了兩個
半小時，才終於玩到…
你說話的時候
眼球會一直不
斷轉來轉去，
知道嗎？
我被視覺震撼到了！

是嗎？
不知道哪聽說過，
說話的時候眼球
轉動的人，頭腦比
較好。
雖然看起來挺不正經的

我是怎麼樣的，
幫我看～～～
忽然
喔
端坐

嚓

嘰哩呱啦

嘰哩呱啦

嘰哩呱啦

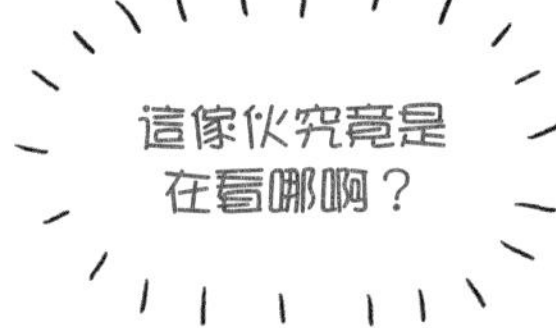
這傢伙究竟是
在看哪啊？

嘰哩呱啦

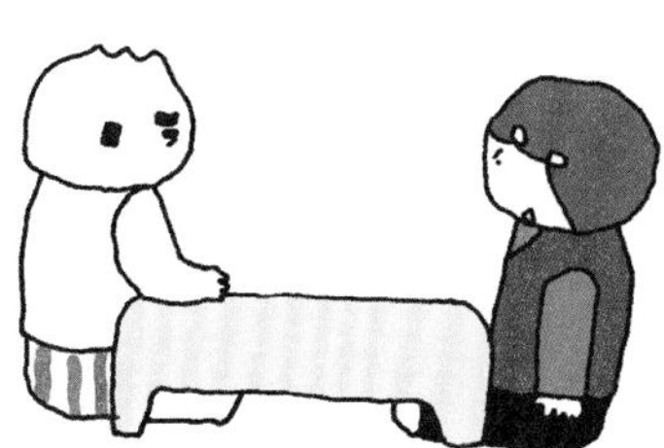

怎樣？怎樣？
有沒有轉？
還是靜靜地？

不是，那不是重點……

◇平凡對話3◇

有一本小說裡有一句話說：「了解人生的話，就會失去繼續活下去的力量。」

好有感覺，對吧？
我之前就有過相似的想法了。
是嗎？

了解女人的話，就會對女人感到失望。
by韓先
哪裡相似了……

◊ 平凡對話4 ◊

好冷！
棉被棉被。
我們睡吧
嘶
嗯。

嘿呦 嘿呦
啪噠
啪噠

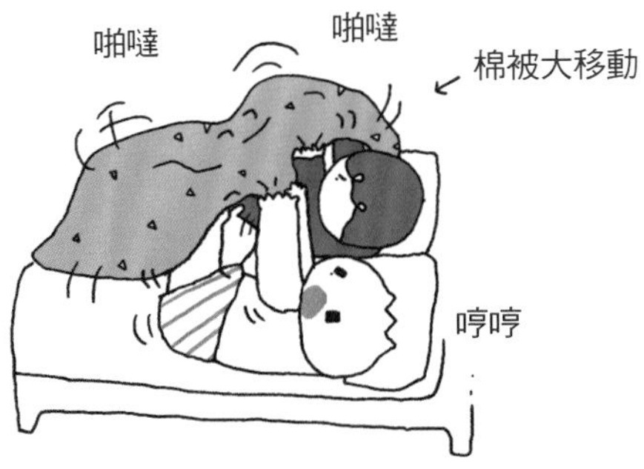

嘿呦 嘿呦
啪噠
啪噠
棉被大移動
哼哼

嘿呦 嘿呦

嚓

晚安
妳也是

✧結束✧

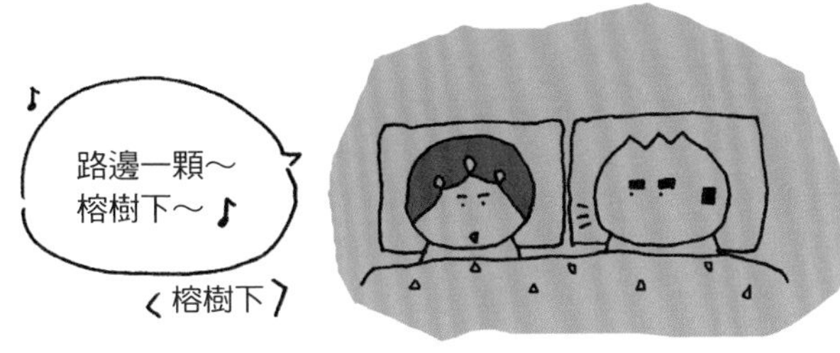
路邊一顆～
榕樹下～
〈榕樹下〉

睡前的老歌接力賽

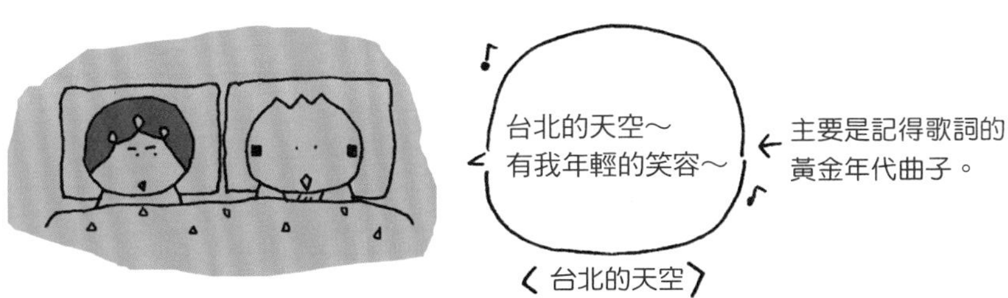
台北的天空～
有我年輕的笑容～
〈台北的天空〉
主要是記得歌詞的
黃金年代曲子。

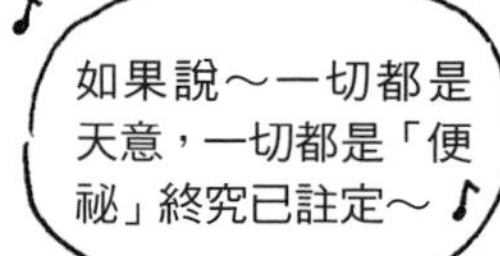
如果說～一切都是
天意，一切都是「便
祕」終究已註定～

〈天意〉
不要在奇怪的地方
唱錯歌詞……
（是「命運」才對）

現在真的要睡了。

嗯。

因為愛情而變得沉默，
我是你的女人。

真的結束

15話 ✧ 美好的應酬

在公司上班的時候，我覺得自己是上班族體質。

〈下班路上〉
啊～果然我是上班族體質吧！偶爾穿得美美的來上班就會感到活著的美好。
呀呀
今天的工作都做完了？
在同公司上班的時期

沒有…打算回家熬夜加班。
工作不順利，所以……
……

成為SOHO後，就覺得自己是SOHO體質。

我～果然是～

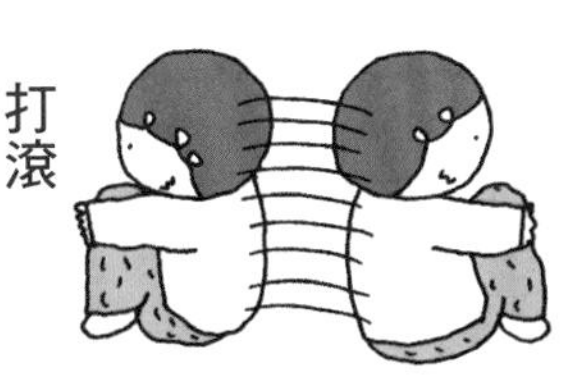
打滾
打滾
自由的～

根本是按照自己心意思考

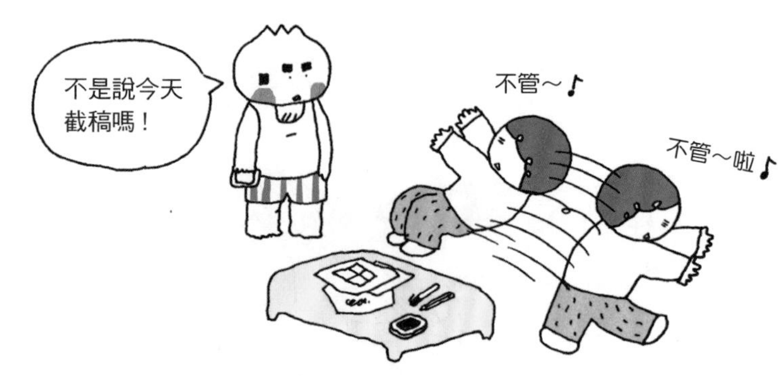
不是說今天
截稿嗎！
不管～
不管～啦

應該要事前就
做好啊！
～如果我是事前
就能做好的人～
當然就會事前
先做好囉～
滴鈴鈴鈴～

嘖！
低頭
是的～是的，是的。
早上您上班時，只要
一打開電腦就可以收
到我的稿件了。
低頭
是的，是的，
是的，是的，是的，
是的我知道了。
是的～～～

回頭看看，原來我不知不覺地也成為SOHO四年了。

欸？
現在四年？
以為已經過了十年了
上班時期使用的月曆

雖然對這樣的生活沒有特別的不滿，

收入不
穩定？
必須要時常
保持緊張？
沒有工作的時候，覺得自己像是宇宙的塵埃？
別人看起來就像是失業者？
（事實也差不多如此）
空閒時間很多，所以要幫忙家務、遊戲等事情？
常常在韓先下班前，整天都沒機會開口說話。

偶爾也會懷念上班族的生活。

由16名職員組成，人手還算充足的舊公司，
薪水只比全職打工稍微好一點，
工作多、麻煩也多，雖然不是間那麼好的公司
但是……

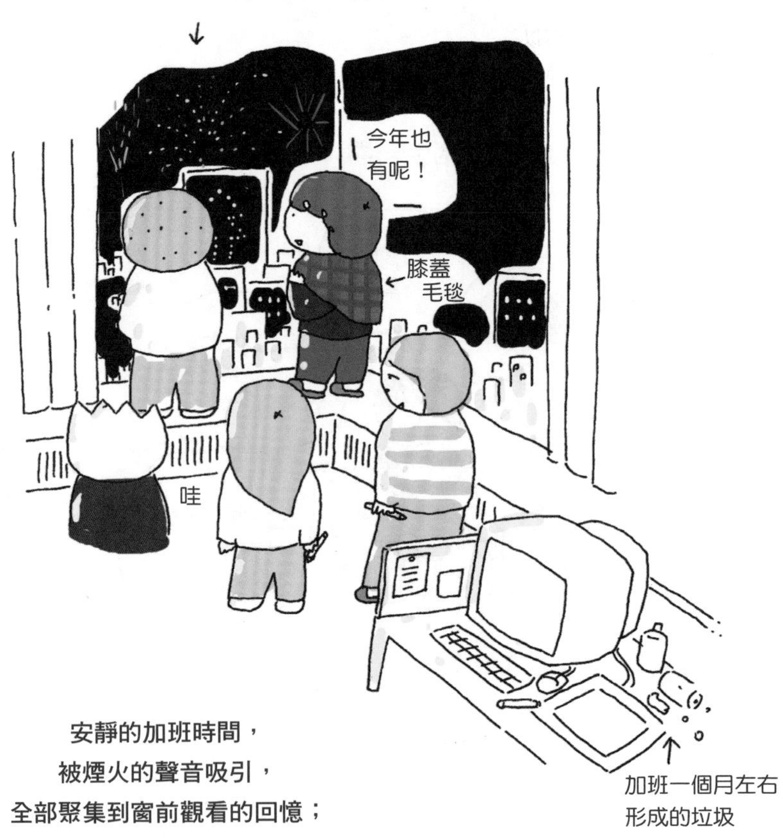
公司前面大學的慶典
今年也
有呢！
膝蓋
毛毯
哇
加班一個月左右
形成的垃圾

安靜的加班時間，
被煙火的聲音吸引，
全部聚集到窗前觀看的回憶；

下午對工作感到厭煩的時刻，
把午餐時購買的蛋糕拿出來，一小口一小口的吃著，
給自己帶來絕大的安慰等事情，都是美好的回憶。

嗚……
好吃！
好吃！
只要有這個就可以
再堅持兩個小時

但是我最懷念的是——

我今天有應酬會晚點回家～妳自己吃晚飯吧！

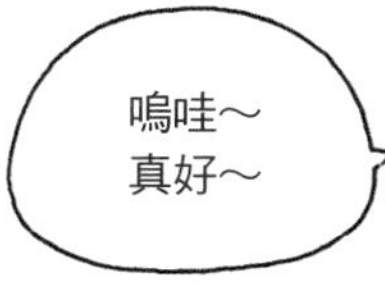
嗚哇～
真好～

什麼

應酬。

應酬——

平常不熟的人們，
一邊吃飯喝酒，一邊裝熟。

好可愛～
哥的實力是業界第一！
不，你才是第一！
←又稱為酒肉朋友
XX小姐，妳的皮膚真好～
真的嗎？

然後隔天當做什麼事情都沒有發生過，
繼續跟平常一樣陌生。

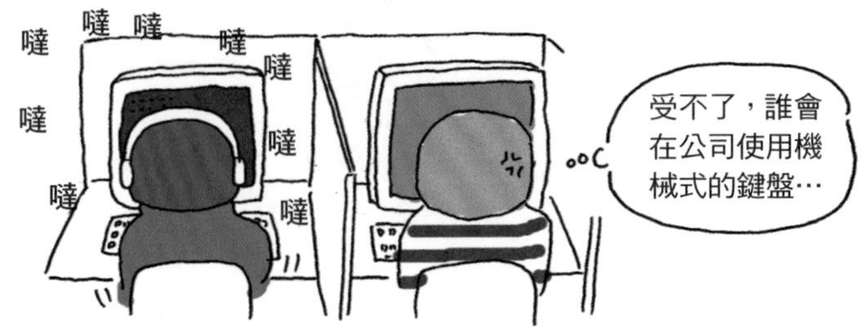

噠 噠 噠 噠 噠 噠 噠 噠 噠
受不了，誰會在公司使用機械式的鍵盤…

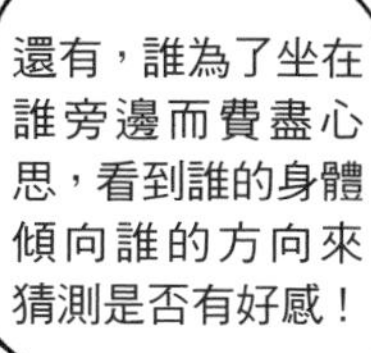
還有，誰為了坐在
誰旁邊而費盡心
思，看到誰的身體
傾向誰的方向來
猜測是否有好感！

平常覺得相信血型性格
的人很可笑，卻在此時
互相詢問血型～！
那真的很有趣～！
…
…我要掛了～

…

所以，我今天，

喔，等等。
怎麼？
我今天也
有應酬。
什麼？

決定要來應酬。

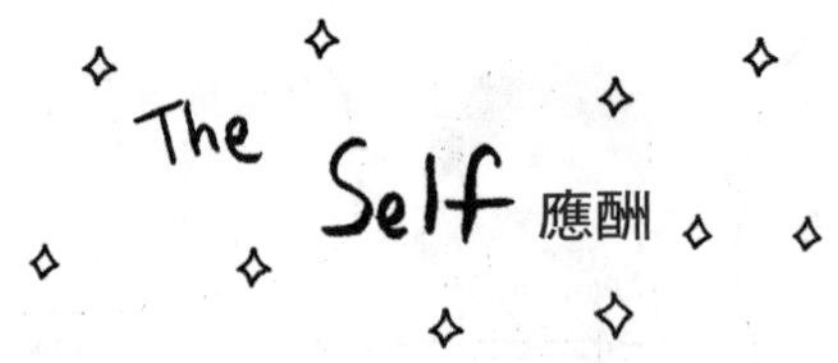
The Self 應酬

啤酒
美劇（應酬夥伴）
DEXTER
你是美劇界第一！
魷魚絲
（or 鱈魚香絲、魷魚條…）

請不要同情我！我沒關係的！
DEXTER
我百分百地在享受！

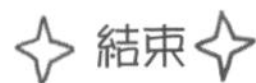
結束

16話 ✧ 請聽我說

韓先說過他被我的這一面所吸引。

〈1998年釜山寶水洞書店巷弄〉

…因此不讓爸爸知道，偷偷地把眼鏡片拿掉，只戴著眼鏡框就出門。
漫畫總販
所有海報
嘰嘰喳喳
舊書
進口書籍
HG
但是爸爸好像要看破我的眼鏡一樣直盯著看。
小喬
安亞

我以為被發現了而僵硬著，結果爸爸卻說：
海報
全都是同個漫畫社團的
嗯
書籍
051-xx

哇嗚嗚嗚
把眼鏡擦一擦！鏡片都起霧了！

老闆娘這個多少錢？
三百元

第一次有女人不關心我的話！！
那個女人的真面目是啥？

想要征服那個女人！
用盡方法也要
讓她聽我說話！

他下定決心。

韓先無法忍受別人不關心自己關心的事情。

嘿嘿
Nanda Nanda～
過來看看！
第5次呼叫

快點快點～
又怎麼了？
別吵我工作！

這啊…
知道了…
嘟囔嘟囔
這
知道了，知道了！

好吧，
叫我閉嘴我也只能閉嘴，
還能怎樣……

什麼？
就是這個～這是新出的遊戲，有人做了諷刺的模仿…

但如果要理解這裡的搞笑意思，就得先了解遊戲的世界觀，看看這個，這遊戲內有四個種族……所以創世紀時……

我無法忍受沒興趣的話題。

有在聽嗎？
嗯！

因此剛認識韓先的時候，真的很常吵架。

妳都不聽我說話！
只一直看著公車
來了沒！！

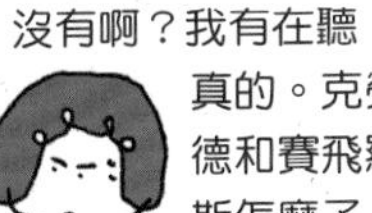

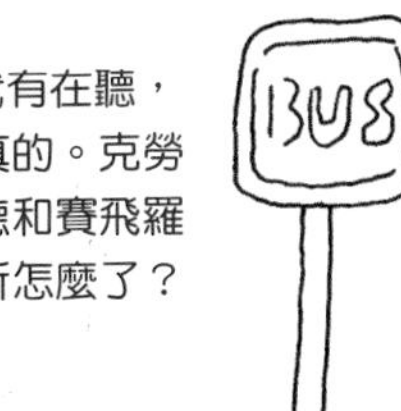
沒有啊？我有在聽，
真的。克勞
德和賽飛羅
斯怎麼了？
BUS

隨著戀愛的時間增加，彼此都有某種程度的妥協，

至少假裝在聽
有趣吧，
有趣吧？
嗯，好有
趣喔～
即使是假裝在聽也感到滿足

結婚之後，我甚至開始適當地活用了韓先這樣的個性。

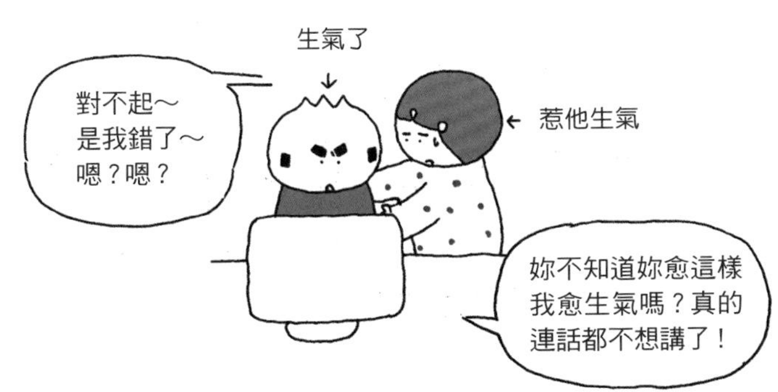
生氣了
對不起～
是我錯了～
嗯？嗯？
惹他生氣
妳不知道妳愈這樣
我愈生氣嗎？真的
連話都不想講了！

哇～這是這次創作出的角色嗎？好漂亮～
3D繪圖設計師

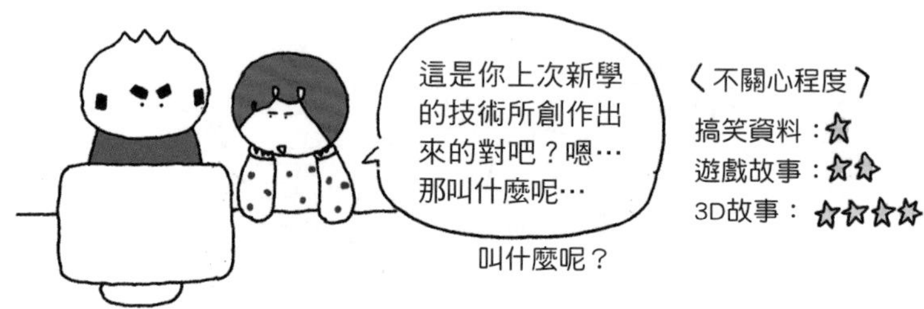
這是你上次新學的技術所創作出來的對吧？嗯…那叫什麼呢…
叫什麼呢？
〈不關心程度〉
搞笑資料：
遊戲故事：
3D故事：

Normal Map
啊，沒錯！

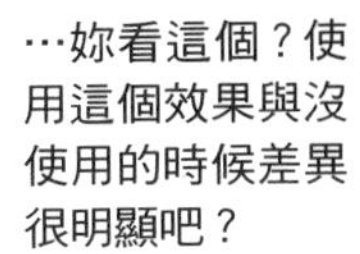
…妳看這個？使用這個效果與沒使用的時候差異很明顯吧？

哇～真的欸！差好多～

算了…明明就沒興趣，只是利用來讓我消氣罷了…

不是啊～這次製作的真的很漂亮我才這樣說的！

雖然知道是被利用，但還是感到高興，真討厭這樣的自己啊…

既然如此，
我乾脆…

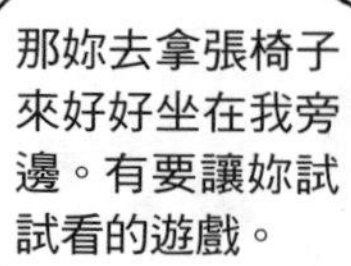
那妳去拿張椅子來好好坐在我旁邊。有要讓妳試試看的遊戲。

喔？

盡情地利用
這個機會吧！！

有趣吧？

嗯…

✧結束✧

《後記》

最近跟妳老爸一起去爬山，也一起說了許多話，感覺不錯～
妳也跟韓女婿一起培養共同興趣吧～
我們不這麼做也有很多話聊欸？

傻瓜，你們現在還是新婚才如此。別當耳邊風，好好聽進去媽的話。

也是…經常都是韓先主動提起許多話題來找我說話，我們才有話聊的…

說不定，
是他為我們而做的努力，
但我總是不感興趣……

好吧！今天就由我來展開話題吧！

韓先跟你說喔，
我今天做了個好
笑的夢～
說來聽聽

…然後鱷魚忽
然跑出來～
上下
起伏
那是什麼舞？
不想聽的舞。
上下
起伏

韓先這傢伙只是喜歡(自己)說話而已。

真的結束

17話 ✧ 孤單寂寞覺得冷

嗶
嗶
嗶
嗶

回來啦？
嗯。

是什麼…這熟
悉又不祥的感
覺是…

世界上所有的關係都是這樣，
夫妻之間也存在著節奏。

小姐妳好，我們
要不要來玩打
滾遊戲呢？
要嗎？

某天，
了解到我們是被分為兩個人，
那種既微妙又親密的感覺。

哇哈哈哈哈
打滾
打滾
嘻
哈
哈

春天的兩隻熊
村上春樹<挪威的森林>中

就像完全的陌生人一樣，讓人感到生疏又不知所措。

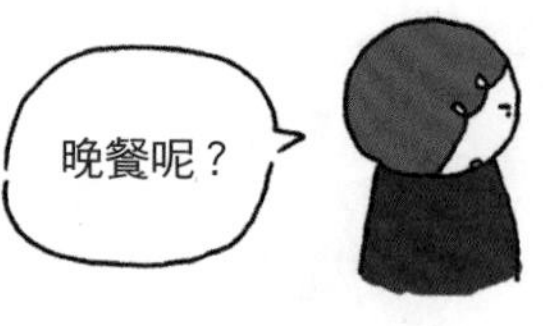
晚餐呢？

我吃飽才
回來的。

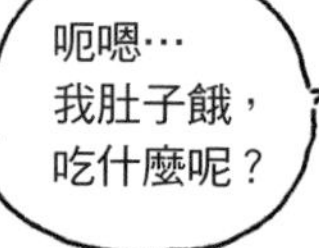
呃嗯⋯
我肚子餓，
吃什麼呢？

吃什麼呢？

哎呀！
肚子餓⋯⋯

這種微妙的感覺只有我們兩個能夠了解，
也沒辦法抱怨。

嗚哇，太過分了～
果然男人對已經到手的…
說出口的瞬間就
已經變質了
不是不是，
不是那樣……

你每天就只滑著
iphone，最近也
不撒嬌了。

我玩遊戲的時候
妳不生氣的。
為什麼對
iphone生氣？
玩遊戲的時候，
我至少是第二重
要所以沒關係，卻
因為iphone而掉到
第三，感覺很糟。

小笨蛋，妳在
說什麼傻話！
秀秀
起身
呿！

別擔心，
妳永遠都是
第二名！
iphone算啥
……

愈是費心撒嬌耍賴，愈感覺到只有我自己喜歡似的，
挫折感很大。

想要度過這段時間，
想要恢復以前的節奏，就只能以成熟的心態，
集中注意自己，然後靜靜地等待。

將老公的一舉手一投足都過度反應的女人太糟了。

我要成為很酷的老婆。

只能靜靜地等待。

啪
啦

是雪欸
嗯
下雪了呢
獨自看完電影
回家的路上

好寂寞。
韓先好壞。

嚇

不對！不是因為韓先而感到寂寞的！

搖頭

搖頭

這是人類根本的寂寞。

將自身的寂寞怪罪到別人身上是不成熟的！

只能靜靜地等待。

冷靜
冷靜

只能靜靜地等待。

網站新聞
HOT 老公的外遇…
NEW 不尋常的老公
NEW 男人、妻子與小三面對面
NEW 不倫是嗎

只能靜靜地等待。

他今天也沒關心我。該怎麼辦？
要說什麼好呢？假裝懷孕？剃光頭…？
不安
焦躁

在這幹嘛？
啪嚓
也不開燈

嗯？

只能靜靜地等待。

哇嗚嗚嗚～～
怎麼哭了？
淚崩！

嗚嗚啊啊你不
理窩哽咽沒田
冷冷啊啊
抖
什麼？
嗚嗚嗚嗚

抖
嗚嗚啊啊你不
離窩哽咽沒田
冷冷啊啊
什麼？

呀
火大
啊，你最近都不
理我，每天冷冰
冰的！！！
啊！抱歉……

其實我最近有點憂鬱……
工作也不大順利，
所以有些焦躁…

託靜靜地等待之福，很幸運地又回到了以前的節奏。

Funky城～鎮
舞蹈遊戲
這樣
伸出

✧結束✧

了解了嗎？
請不要焦躁，
靜靜地等待吧！
犀利
勾勾纏的女人是
沒有魅力的！
夫妻諮詢師

18話 ✧ 獨處時間

新婚時期，周末若是睡懶覺的話，韓先都會叫我起床。

11:00
搖晃
起床，
我好無聊～
嗯？
搖晃

但最近都不叫我了。

2:00
咚咚
咚咚
嚇

怎麼不叫我？

叫妳，
妳也不會起床。

啊喔～真爽
我將要成為用遊戲
減肥的第一人
嗯
← 早餐也自己想辦法吃了

新婚時期，我一個人出門的話，老公就會很鬱卒。

妳一個人去！
馬上回來。

但最近……

我出門囉。
真的要出去了？
嗯，真的。

那給我錢。
炸雞炸雞
……

反而感到興奮的樣子。

走囉

呀耶
叫哪家好呢～

韓先應該也需要
自己獨自一人的
時間吧？
嗯，
也是…

當韓先上班的時候，
我就可以一個人在家裡東摸西摸，
不用在意他人眼光，舒服地度過。

和韓先在一起的時候，沒辦法仔細
觀察或者反覆重播的男歌手MV
I'll be back

韓先在公司的時候處在人群之中，
回到家之後又有我在。

幹嘛？

這裡是。

沒有。

別開一
別開門！
w.c
抱歉

這裡也是。

不管到哪都有我在。

w.c
真爽真爽
我將成為第一個將遊戲中學來的舞蹈帶到夜店去跳的女人！

沒錯，之前某個夫妻節目也說過：

「夫妻之間就像樹木與樹木之間一樣，
需要空間才能均勻地得到日照，健康地成長。」

因此我決定要給韓先自己一個人獨處的時間。

那個，我要跟聚會的朋友們一起去兩天一夜的旅行，可以嗎？
要去清平
清平？很遠嗎？
兩天一夜？
離這裡一個半小時左右。

果然還是不希望超過24小時看不到我吧？

喔，終於可以好好地試試位置追蹤APP了！
妳平常都一直在家裡，一點追蹤的趣味都沒有。

我，開始了我的旅行。

妳現在在清
涼里對吧？
我都知道！
嘿嘿
清涼里

然後，收到了瘋狂的追蹤。

妳現在到民宿了吧？
旁邊都是田地呢，
還有一間不動產仲介對吧？

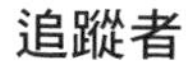
追蹤者

4885號嗎？
怎麼那麼安靜。
不是跟姊姊們在一起嗎？
啊，本來想給你一
些獨處時間的…

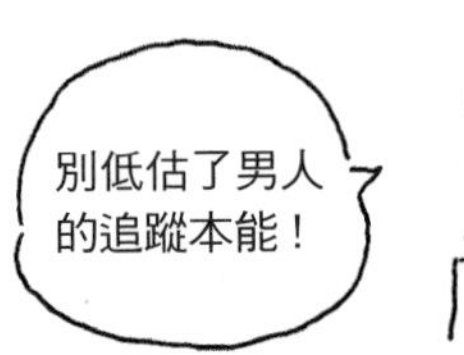
別低估了男人
的追蹤本能！

✧結束✧

《旅行回來那天》

這個是什麼啊～
偶爾也是要把
家裡讓出來…
累積了兩天的
嘮叨暴風

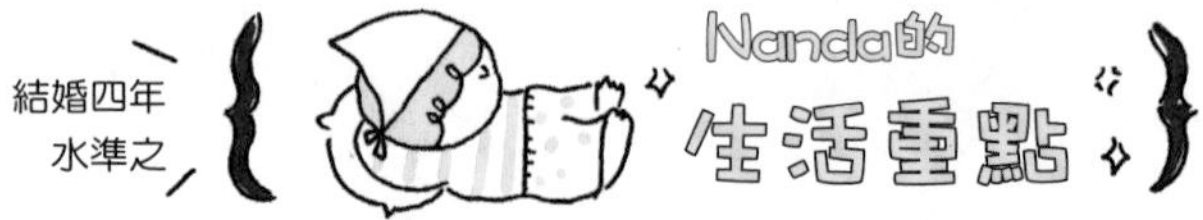
結婚四年
水準之
Nanda的
生活重點

一個人玩兒吧！

雖然因為工作的關係幾乎都是自己一個人度過，但是一點也不無聊。

21世紀真的有許多有趣的事情。
CSF

毛線編織

光是看著花花綠綠的毛線，就讓人心情愉快。

（最近Youtube上有很多影片教學，一個人也能學習。）

圍巾或是毛衣等都需要花上長時間製作，還不如製作杯墊或手套等小物比較有趣。

養花弄草

唯一每天都會定時做的就是照顧花草。

太過放心的話可能會發生蟲害，所以每天只要一睜眼就會去陽台確認。

放空耍呆

就是放空甩呆，
不解釋。
……

然後把所有的事情…

拿來炫耀

最有趣
Blog
啊啊
妳打掃了嗎？

結束

第四章

19話 ✧ 懶人菁英

某天睡醒的時候發現——

喔…？
麻

手指頭不能動了。

韓先，我慘了。好像拉傷了手指韌帶。
沒辦法彎曲

什麼？哎唷喂笨蛋啊！是不是畫漫畫太辛苦了所以受傷啦？

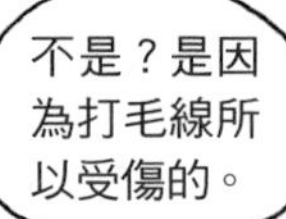
不是？是因為打毛線所以受傷的。

我這輩子還沒有因為畫畫而受傷過呢～

好…
我知道了
不用強調

我真的很想認真生活，

你看這個？
下載了行程表
管理APP。
昨天為了用
這個所以熬
夜了。
現在我也是職業女性

是會以批判性眼光看待懶惰習性的人。

所謂的慢活…
slow life
就是在咖啡館內
閒聊然後緩慢
過活的日子吧？
那不就是將懶惰
美化而已嘛！

其實我才是懶人界的菁英。

嗚哇，
睡了20個小時，
真爽快。
還不如在咖啡館閒聊

常常像是被追趕似地工作。

我去
上班了。
嗯嗯～！
沒時間抬頭

剩下的時間，大部分……

網路

有人留言說我
很勤勞呢！
也很會生活
部落格
每天都黏在網路
上，以網路世界來
說當然是勤勞了！

哈哈哈哈哈哈

不准笑

呃

請別相信部落格。
只上傳了好事所以看起來不錯而已。

毛線編織

雖然也可以稱得上是生產性的事情，

啊，應該要
工作才對…
只有在工作之外才會發
揮的集中力遺傳基因

啊，應該要
工作才對…

只要一開始就很難停下。

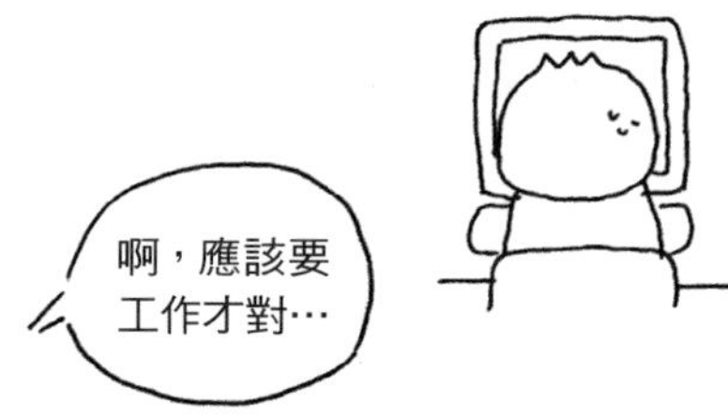
啊，應該要
工作才對…

其中最消耗時間的果然還是……

看美劇

呼—啊呦！
呼呼
呼呼！

一邊吃飯一邊看 →

有段時間我迷上了CSI拉斯維加斯，
度過了很愉快的時間。

欸，是誰？
咚咚咚
咚咚咚
訊息

抖抖
抖抖
啪
啪
啪

來勁了

和看連續劇共度的時間相比，獨處的我所剩不多，
但是我相信看起來浪費了的時間，也終將成為某天的幫助，
所以我從不後悔。

開心就好了嘛！

然而某天……

Nanda Nanda—
米桶裡的這個
是米蟲嗎？

什麼？

呃！
怎麼辦，這
是昨天買
的米呢！

是不是因為妳
沒有盡快丟掉
廚餘所以產生
的呢？
是嗎？
等等。

這是昨天買來的米，有米蟲的成蟲在？
太奇怪了吧！
沒錯！
在CSI裡面，有過以昆蟲的成長狀態來證明事件發生的時間。
米蟲孵化之後到成蟲需要3天！
我們是昨天買的米，所以在店家內，米蟲的幼蟲已經繁殖出來了。
搜尋
根據吉爾主管
美國連續劇CSI拉斯維加斯的搜查主管，昆蟲鑑識學者
喔……

謎題已經解開了！！

犯人在超市
主婦偵探
Nanda
走吧，去換貨！這樣堅固的推論，超市老闆娘是沒辦法反駁的！！
為什麼忽然變成金田一？

為了彌補觀看美劇時所浪費的時間，
所以快速地跑到超市去。

啊，因為米蟲而來的吧？
那個最近都這樣。
馬上換給你～
嚇
那麼容易……
我所準備的推論……

還是沒有用。

結束

能換不就好了

DR.韓先
自覺症狀

20話 ✧ 大改造

你知道吧，
我…
真的上網
上太久的
樣子。

能在10年內了
解到這件事，
哎唷真厲害。
哎咿！您竟然
領悟了這點？

麻煩你幫我改造我
的人生吧！！我也
想跟你一樣24小時
都仔細地使用！！
好，那妳之後都
要照我的話做，
要試試嗎？
我會讓妳連骨子都換過來的
嚶嚶
← 職人範本
嗯！嗯！

雖然我真的很想重獲新生，

欸！
微硬
限制青少年
使用網路程式

呵呵

也不希望是這種方法。

DR.韓先

猛藥處方

限制青少年
使用網路程式

這是什麼。

因為妳是無法自己自由調節的人，所以需要下猛藥。

那我要怎麼工作！

還得要查資料

所以我設定為一天可以使用3個小時。

3個小時用完就結束

約好要聽我的話吧？

我知道了…

不能用網路的時候就趁機看美劇吧～

對了，我還特別為了妳設定了一個模式。

什麼？

不能使用網路的時間，同時也無法使用影片播放器。

我複雜地設定了，讓妳完全看不到影像。

狐狸般狡猾

DR.韓先

妥協與適應

3個小時

冬天保養皮膚的祕訣？

點

啊

現在是網路斷線時間。

微硬
限制青少年使用網路程式

呼…今天也這樣就結束了。

真的很短。

也不是沒有辦法

只要格式化就可以解開了。

知識

Q.請問解開網路限制的方法…

A.

但不想那麼做，因為不想讓韓先失望。

韓先也是為了我才這麼做的…

知識

Q.請問解開網路限制的方法…

A.

好的，那麼從明天開始！

把1分鐘當做10分鐘！！

打開網路視窗之後！！

用最快的速度使用網路！

然後悠閒地觀看。

超級節約術

還真是不失望欸…

DR.韓先

一個人的時間

你一個人
出去玩！
不是去玩，
是工作坊。

之前如果韓先不在家的話，會感到無聊。

我出門了。
嚶
真的要
走了？
嗯，
真的。

呼
我又兩天只
有一個人在
家了…
討厭，
真的。
溫室內
的人生
抱歉抱歉

但是最近呢……

那…那麼網
路稍微…
只要能夠使用10個
小時左右的話，
我就不會過得
無聊了…

反而感到興奮。

✧結束✧

不准偷看密碼

不看～
不看～
誰會看啊！

請祈禱我的再生成功。（雙手合十）

21話 ✧ Acoustic Love Life（上）

1998年，
18歲的Nanda和朋友小喬、安亞一起創辦了漫畫社團。

2-4
小喬
安亞
阿耨菩提？社團取這個名字會不會太平淡？
完全搞不懂，我們需要一個強而有力的吧？
一聽到就很有感覺的！
強而有力的啊～
負責取名
STAR H.O.T

那麼大便！！
真心的
妳幾歲呀？

所以社團的名字決定為阿耨菩提。

阿耨多羅三藐三菩提(阿耨菩提)
：佛教中至高無上的覺悟之心，
佛陀境界的智慧。

可以說我是預見東方文化流行的先驅者啊～
....

Anyway

也刊登了募集新成員的廣告，進行了些許社團活動之後的某天。

搞笑技巧
讀者的發洩
New
漫畫俱樂部
優勝作品
阿耨菩提新人募集
世界樹新人募集
當時頗受歡迎的漫畫技巧月刊的免費廣告刊登頁。

呀，今天是新人要來面試的日子對吧？
喔。不但沒有提早來等候還遲到…嘖！
前途渺茫啊～不合格的傢伙
是不是不知道集合的地點改變了呢？

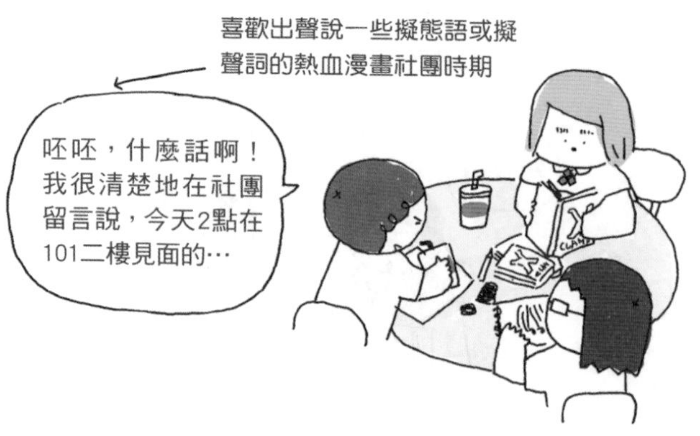
喜歡出聲說一些擬態語或擬聲詞的熱血漫畫社團時期
呸呸，什麼話啊！我很清楚地在社團留言說，今天2點在101二樓見面的…

死定了！
糟了！！
我瘋了吧！
呸呸！
呸呸！
慌張慌張～

呀，
已經過了一個小時！！
應該已經回家了吧？
怎麼辦～
我得去之前的
集合地點！！
趕快趕快！！
金魚般的傢伙
我的綽號

那是個沒有手機的年代。

XX百貨公司

大步跑

呼
呼

用盡全力狂奔到星期六下午的咖啡店。

STARBECK
呼
呼

在滿滿的人群之中，

一眼就看出他了。

是那個傢伙。

其實，
是不可能看不出來的。

The
任何人都看得出的漫畫之子

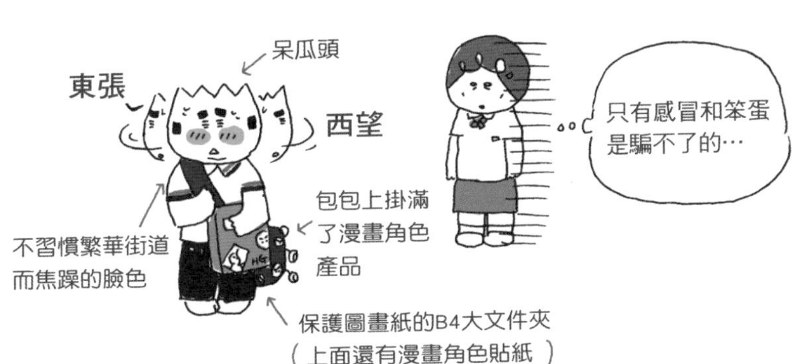

呆瓜頭
東張
西望
不習慣繁華街道
而焦躁的臉色
包包上掛滿
了漫畫角色
產品
保護圖畫紙的B4大文件夾
（上面還有漫畫角色貼紙）
只有感冒和笨蛋
是騙不了的…

總之，我們初次相識就是如此的情景。

嘿欸～
你是韓同學吧？
抱歉抱歉。
厚著臉皮
我忘記改地點了
嚇！您是怎麼
認出我來的…
不會！
真的沒關係！！

那天是人生第一次搭乘地鐵的韓先。

對了，你是K高一年級對吧？姊姊說話就不客氣囉！
我是D高二年級
我也是二年級呢！

在錯誤的約定場所等待超過了一小時的韓先，

是嗎？
那你說話也不用太客氣
嗯…

陷入了都市女子高中生的冷漠魅力中。

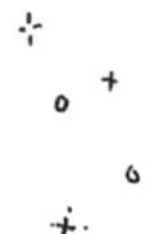

下 篇待續…

其實我是在男
生面前會特別
害羞的類型，

這傢伙的肉質真的不錯啊！
一看到你就
覺得心裡安
定下來…
掐
走開

22話 ✧ Acoustic Love Life（下）

雖然目前的狀況只出了新聞報一期，但很快就會創建同人誌了。正在編寫其他的故事中。
百貨公司
喔喔～好帥！！

經過了陌生尷尬的移動時間，到達聚集地點。

欸？來了？
就是這裡，她是社長，她是…
跑
跑
跑
跑
咻
哎唷喂～！大家好！！

第一次看到那麼難掩興奮的傢伙。

鞠躬
彎腰
我是小韓！
以後請多多指教！
喔！你好
比照政治人物
我是小韓！
以後請多多指教！
喔！

這是我的圖畫
喜歡什麼類型的？
有完成過
彩稿嗎？

明明沒啥了不起的社團，莫名地變得很偉大的樣子。

我會等待您們的
聯絡！！
真的很希望
能夠加入！

尷尬的面試結束了。

看起來是個
不錯的人。

社長小喬贊成。

我不要。
又是握手又是
鞠躬哈腰的

安亞反對。

我因為讓他等待了一個小時的罪惡感，
而無條件地贊成。

為什麼？看起來挺單純的吧？因為緊張才會那樣。
利用
輿論
圖畫的感覺也很好～看起來不錯。
不能殺人兩次！！
是嗎？

祝
合
格

雖然我平常最討厭這種做作的人，

他喜歡我的這件事…
我完全不知道呢！
我，我是笨蛋吧？

不管是誰喜歡誰，我都能馬上查覺到。

有人喜歡我也是

妳更讓人討厭！

這是生日禮物。
這是裸體集，但請不要誤會，是為了讓妳能夠畫出人體來⋯
嗯，我不會誤會的，謝謝。
喔～大哥買了昂貴的禮物呢！
Nanda真好～
←增加的社員們

這是我常常使用的Screentone。
嗚哇～有幾份禮物啊？
是有錢人家的小孩吧？

但，我完全不知道。

哎唷…
想吃冰淇淋…
喝了象徵成年的啤酒
我也是。
我去買冰淇
淋回來！！
咻
我完全不知道。
之後從小喬那聽到的小故事
花朵書店
XX小吃
嗶嗶
嗶嗶

小韓？

您有一個
留言。
傾聽請按1…
那…
那個…
我是小韓…
不是吧？

欸欸！

完全不知道

其實要能察覺到他人的心情，
也必須要有某種程度的關心才做得到，
我似乎完全沒有關心過韓先。

我所認為的我們關係——

砰 砰
你是社員！
我是總務！！
你是社員！
我…
是總務！！

就是社員與總務的關係。

繳社費。
馬……馬上繳給您

對不起。我
有交往的對
象了。

我們還是可以當朋友吧？

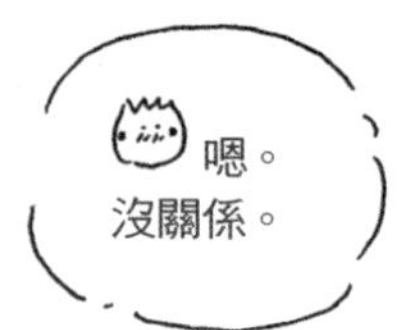
嗯。
沒關係。

在那之後我們一直都是最好的朋友，
互相守護彼此的戀愛史。

妳沒有做錯！說喜歡的時候是那時…他是個壞男人。
不是啊，是我錯了。我們還不到喝醉後能唱Rap給對方看的階段…
太過興奮了所以……
嗯

她怎麼樣了？
不知道。
不要再戴那條奇怪的項鍊了
吵死了

他就是小韓。
聽過很多你的事
我也是

我女友在附近，
要見個面嗎？
不用，
我走囉！

在韓先三十一年的人生中，只有一次瘦下來過。

喔咿。
你誰啊？
生日快樂。
謝啦！
幹嘛減
肥啊？
而且在一個月內
沒什麼。
被女友甩了吧？
嫌你太胖。
才不是因為
這樣被甩！
沒買生日禮物
給我嗎？

也許我就是個俗人，這瞬間讓我對韓先有了新的感覺。

又某天，韓先對我這麼說：

算了，反正我就是妳的備胎。
什麼？

那時也看起來不一樣。

我以為他是因為跟我熟所以才對我好的⋯
還是因為喜歡我才那麼費心呢？
說不定還覺得被我利用了⋯⋯

但是決定的瞬間——

看起來好好吃～
沙皮龍
ROCK
唔喔喔
到二十幾歲為止
一起活動過的其
他同人團體

是「拍背」。

吃完再忙。
拍
拍

嗯？
原來妳在上網啊！

韓先拍上我的背的瞬間，我忽然感到他是個男人。

就像駭客任務中，
尼奧吃了紅色的
藥，忽然看到了存
在但從來不曾察
覺的世界一樣。

而且我是背部
敏感的女人。

平常若有人碰我的背
我可是會生氣的

叮咚叮咚
Nanda
〈愛情在背上〉
目前登入中。

咚咚咚
咚咚咚

啪啪
啪啪

咚咚咚♪
咚咚咚♪

啪啪
啪啪

咚咚咚

欸欸？

與< Nanda >的對話
〈Nanda〉說
：不要？
〈韓先〉說
：不…不是…
輸入

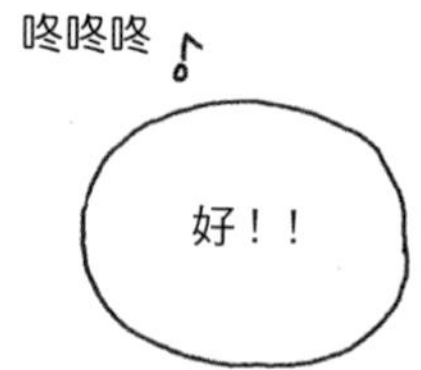
咚咚咚
好！！

隔天在書店前面見面的我們，
至今九年來都幸福地一起生活著。

南浦文庫
尷尬
哈囉～
← 告白第二天就不害臊的女人

當然之後韓先還是不斷地變胖。

我沒關係！
現在覺得瘦男人
都是外星人
不要一直講同樣
的台詞

啊，因為這句台詞不
管放在哪都很合適
也不要解釋

結束

23話✧12月31日

一年的最後一天。

Coffee
呼
← 韓先公司對面的咖啡店

一向在這個季節感到一事無成又貧窮，

那…那傢伙又來了！什麼事都還沒實現，那傢伙又來了…！
那傢伙=新年

但是今天卻覺得沒什麼。

呼呼
敲
敲

呼呼呼呼～

覺得沒什麼。

不要做奇怪的表情

覺得沒什麼。

停下來

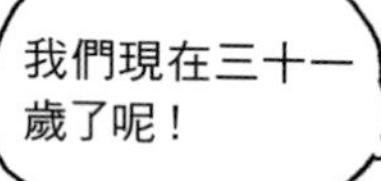
我們現在三十一
歲了呢！

嗯？
你在說啥？

我今年二十九
歲呢～
歐巴～

這傢伙…
又把內心的大
門關上了…
對我而言是沒有1月1日的～
我的月曆還沒有結束 喔喔喔～
B.G.M：Star〈12月32日〉

覺得沒什麼。

我們一邊吃晚餐，一邊談論著彼此的新年目標。

我，希望新的一年
能夠畫得更好…也
希望能夠畫出讓自
己滿意的漫畫！
你呢？
我…

唔…

想成為
偶像歌手。
因為歌唱實力不佳而
以外貌取勝
今年也是啊……

韓先十年來的夢想都是成為出道歌手。

別的。
希望現在製作的遊戲，能夠成功。

…妳也希望我趕快成功吧？

不會。我自己會賺很多錢…

你只要在家裡做家事、玩遊戲、和我撒嬌就可以了。

野心太多的男人讓人疲倦

咕！

大大前年，新舊年交替的瞬間，
韓先正在穩定心情，重組電腦磁碟。

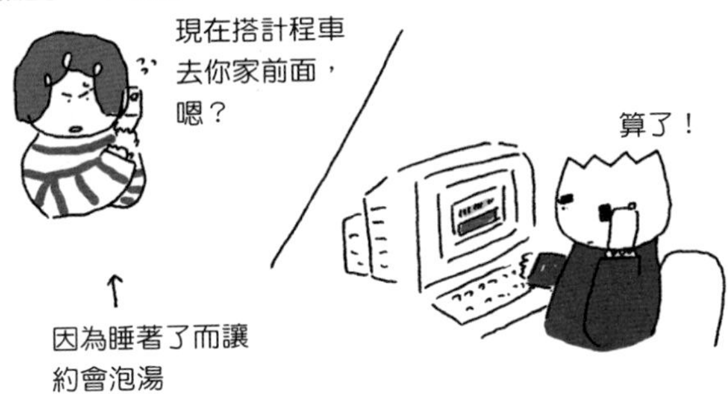
抱歉抱歉，
稍微瞇了一下眼睛…
現在搭計程車
去你家前面，
嗯？
算了！
因為睡著了而讓
約會泡湯

大前年，前年，去年也……
很巧合的，韓先都在重組磁碟。

因此今年韓先也無可奈何地重組著磁碟……

《1月1日凌晨1點》

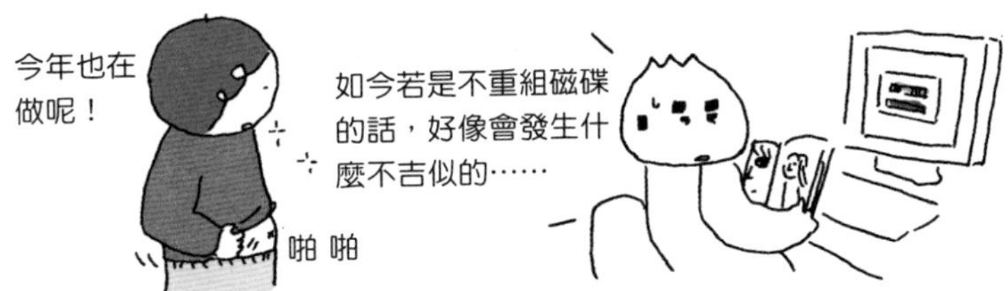
今年也在
做呢！
如今若是不重組磁碟
的話，好像會發生什
麼不吉似的……
啪 啪

我今年也是一覺醒來時就自然地和去年道別了。

今年本來想說一定
要倒數的說……

✧結束✧

明年至少看TV上的
跨年煙火吧？
好啊，就這麼辦！

舊的一年，再見。

24話✧計畫表女王

在新年計畫新年，

今年一定要
不一樣。

睡前計畫明日，

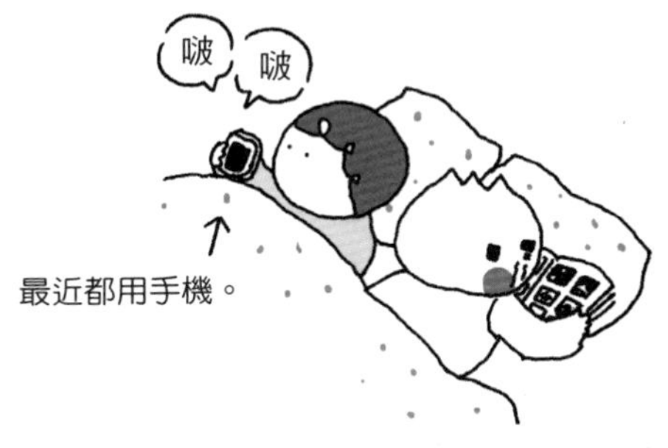
啵
啵
最近都用手機。

未來五年計畫——

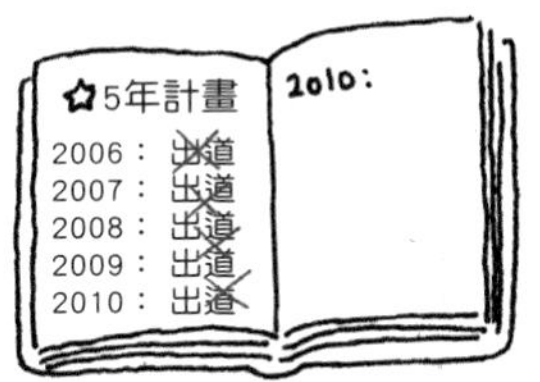
✩5年計畫
2006：出道
2007：出道
2008：出道
2009：出道
2010：出道
2010：

依照年齡計畫生平，

我的人生只需要
A4大小的紙就能
囊括一切了…
← 到80歲為止都計畫好了

憂鬱的時候就做安定心情用的游擊戰計畫，

好，這樣進行
就沒問題了。
不要擔心。
↖ 只要把想做的事情記下心情就UP！

沒錯！我是喜歡做計畫的女人。

扭動扭動
嘿嘿
計畫變態

扭動扭動
嘻嘻
桌上型月曆變態

小時候只要填滿生活日記第一頁的生活計畫表就開心。

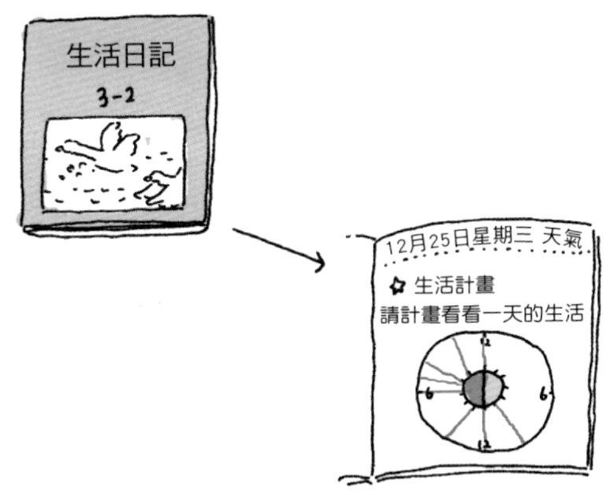
生活日記
3-2
12月25日星期三 天氣
生活計畫
請計畫看看一天的生活

從社區的電子產品販售店拿回新產品目錄，

電器行
Nanda 11歲

打開舖在地板上擬定購買計畫是我的遊戲。

之後兔子君
也加入
姊姊我要這
個烤箱。
兔子君8歲
好啊，家裡
也需要一個
烤箱。
要多大的呢？
還有…很多很
多紅色。
自動迴轉是什麼意思？
聽說愈多機能的愈容易故障……
當然不會買(買不起)，
但我們真的很慎重

最討厭的話是「只會計畫有啥用」這種否定的話，
跟不知不覺中成了藉口般使用的「慢活」這個詞。

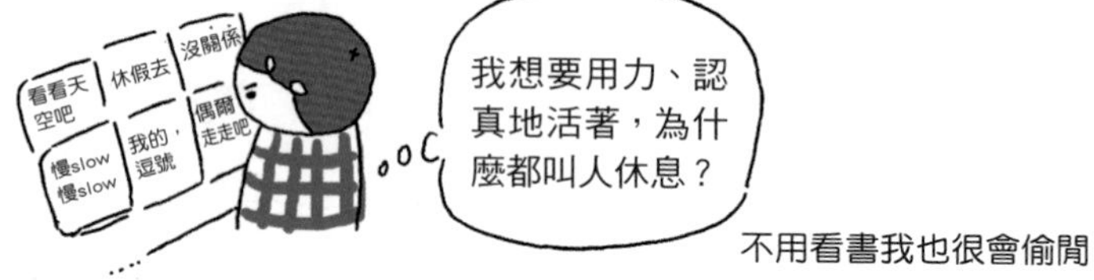
看看天
空吧
休假去
沒關係
慢slow
慢slow
我的，
逗號
偶爾
走走吧
我想要用力、認
真地活著，為什
麼都叫人休息？
不用看書我也很會偷閒

總之，建立計畫與實踐計畫沒有一定的關係，是我的小確幸，
但是累積好幾年都無法完成的計畫堆積如山，
繼續追加天馬行空的新計畫，也多少失去了些趣味。

老闆，這是去年出品的Nanda新年計畫7.0版本，有早點起床、每天畫圖、學習英文等等。
嗯，好的。再加上理財與30歲的準備製成8.0版本上市吧！
CEO
比爾Nanda

什麼？那樣跟舊版本沒有什麼不同呢？這樣要怎麼賣？
胡說什麼？
馬上收拾收拾滾吧！
CEO

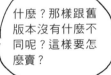

哼
CEO

但就在滿30歲的今年，忽然想要改變，
總是欺騙自己，禮貌上插進來的學習英文、變得勤勞等
籠統的計畫都被我果斷地捨棄，
建立了一張明信片大小、簡單卻具體的計畫。

計畫
好，
只有現實
的事項。

就在今年只剩最後兩周的時機點，來對明年計劃進行自我評價。

計畫1【變成性感女人】

哪裡現實了？

即將滿30歲的我，希望能有新的形象，因而煩惱許久。

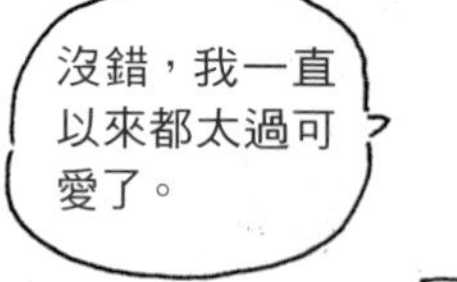
沒錯，我一直
以來都太過可
愛了。

我給人的30歲
形象應該怎麼
樣好呢？

某天，看到電影裡充滿女性魅力的潘妮洛普克魯茲，

好！就決定
是妳了！！
要變得性感

但是……
……
只剩下不到兩
周，還是一點
也不性感。
性感失敗

計畫2【擁有客觀觀察自己的眼光】

也是啦，30年來
刻入骨子的可愛
不是那麼容易消
失的。
…
客觀的眼光成功

計畫3【減少睡眠、每天早起】

雖然每天早起一事是失敗了，
但是從今天開始每兩天只睡一覺的話，
睡眠的總量減少，算是成功了！

什麼？

每天早起失敗
減少睡眠成功

↖ 以總量為基準

計畫4【健康管理】

因為沒有落實身體管理，每當天氣變冷免疫力就下降，
各種發炎症狀都會出現

病懨懨

嘴角炎
（皰疹）
淋巴腺炎
尿道炎
同時進行中

健康管理失敗

計畫5【理財、變成有錢人】

嗚……
把存款拿出來
去旅行了

有錢人失敗

✧結束✧

我是發炎的
有錢人。

釜山在地27年
的Know How
The
南浦洞

嘎咕
去釜山旅行的話一定要去南浦洞。介紹給大家我在釜山的時候最喜歡的地方。

假如身旁有人要去釜山的話，
絕對會推薦的地方。

還有這裡也一定要去。

這裡真的！
一定！
強
迫
尷尬的
編輯L
啊！是的！

古物巷弄

從大學時期就很喜歡的古物巷弄，
有尋寶的樂趣。

花花綠綠
色彩的饗宴
1000

特別對畫圖的人來說，舊衣服的顏色
和質感能給予許多刺激。

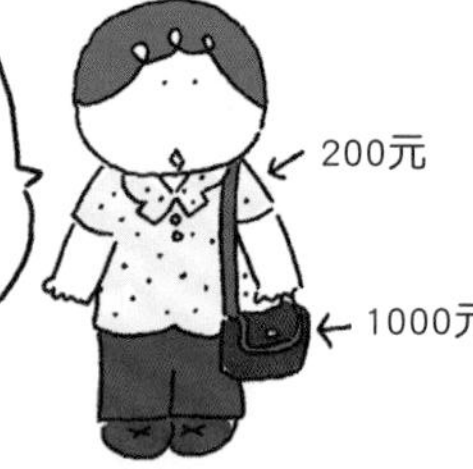
現在也很愛用的復古罩衫與手提包都是在這裡購得的好物。
200元
1000元

有許多獨特的顏色與花樣，
簡單的搭配就能加分。

好好挑

在路邊蹲坐著翻找衣服看起來很醜又不優雅，
但是在這裡都是這樣，所以沒關係。

辣拌冬粉

〈昌善洞小吃街〉

在釜山的時候沒有很大的印象，到首爾後想起來了的辣拌冬粉。

在煮熟的冬粉中，加上醃蘿蔔、韭菜等簡單的配菜，再以辣拌醬攪拌來吃，醃蘿蔔的甜美與辣拌醬的味道融合相宜，非常好吃。
價格也十分便宜。

涼拌魷魚+煎餅(韭菜餅)

〈南浦洞小吃街〉

請給我煎餅和涼拌魷魚。
煎餅 200
魷魚 300
壽司 100
煎餅和
涼拌魷魚的～
夢幻組合！！

結婚前和媽媽在南浦洞購物時必做的事。
為了補充逛街耗費的體力，簡單就可以享受的菜單。

86號巴士

我喜歡經過南浦洞往榮洲洞上坡路行駛的86號巴士路線。

從中學生開始到成人，都搭乘這班公車通學、和朋友們出去玩，幾乎每天複誦的風景。
86
對我的性格形成有很大的影響呢！
聽起來蠻負面的……

往上坡路行駛，能看到的夜景太過美麗，
雖然有其他班更快回家的公車，
但只要沒有急事，都搭這班公車回家。
對目前在首爾的我來說，還是我心中的夜景BEST 1

想在哪下車都行！
我個人是在「國際市場」上車，
①
86
BUS
②
BUS
86
「榮洲叉路口」下車後，盡情地觀看夜景，

③

推薦再次搭乘巴士移動。（86號巴士也會到西面，非常方便。）

有點累了，要再回去嗎…

還是去西面吃辣炒年糕…

※西面樂天百貨公司後門的辣炒年糕也很好吃。

拒吃種籽胡餅

※種籽胡餅：南浦洞BIFF廣場胡餅店的名產
胡餅內塞滿了堅果類的種籽。

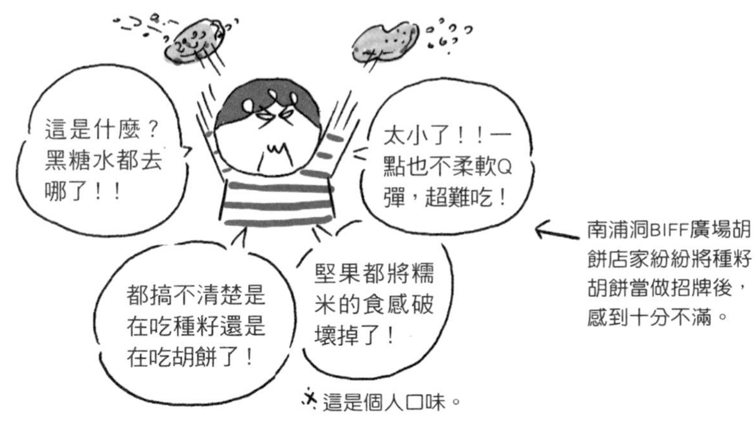
這是什麼？黑糖水都去哪了！！
太小了！！一點也不柔軟Q彈，超難吃！
都搞不清楚是在吃種籽還是在吃胡餅了！
堅果都將糯米的食感破壞掉了！

南浦洞BIFF廣場胡餅店家紛紛將種籽胡餅當做招牌後，感到十分不滿。

※這是個人口味。

因此推薦的
鎮市場胡餅

不是南浦洞

高中時曾到鎮市場嚐過究極的胡餅之味。

該說什麼好？！
糯米和砂糖達到了無
法超越的極致？

呃！這味道是…

啊啊…外皮酥脆的同時，一口就能咬到彷彿在等待著的糯米層次，既有彈性又柔軟…好幸福！

啊啊…愈嚼愈有一種犯罪的感覺…
如此Q彈的你…

假如經過附近的話請一定要嚐嚐看。
（鎮市場前面只有一家胡餅店，很好找）

'the MAP of Nampodong.'

前面介紹的景點都在地圖上喔！

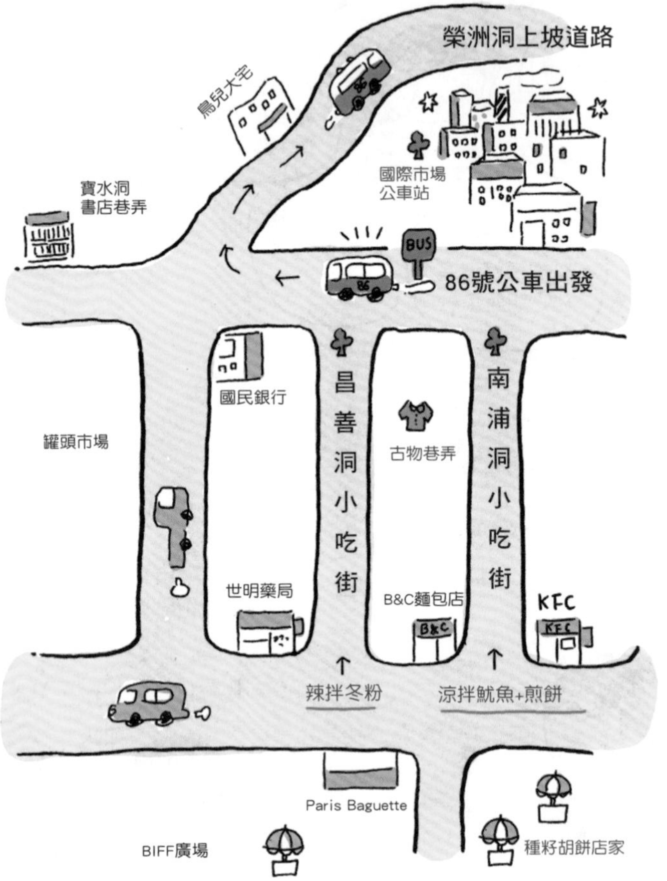

榮洲洞上坡道路

鳥兒大宅

寶水洞
書店巷弄

國際市場
公車站

BUS

86號公車出發

國民銀行

罐頭市場

昌善洞小吃街

古物巷弄

南浦洞小吃街

世明藥局

B&C麵包店

KFC

辣拌冬粉

涼拌魷魚+煎餅

Paris Baguette

BIFF廣場

種籽胡餅店家

請搜尋

鎮市場胡餅店在釜山鎮市場大樓前面公車站的旁邊。

結束

第五章

嗯？聖誕夜我們買蛋糕回來看電影，嗯？聖誕節去逛街⋯
整天的約會！
嗯？嗯？嗯？嗯？嗯？
知道了，知道了，就這樣做吧⋯

Special
1話
突然的二十九

MISS
Ann's
BIRTH
DAY

這是安亞的生日。

需要幾根
蠟燭呢？
二十九根。

光是將二十九根這句話說出口，
就覺得有某種苦澀湧上喉頭的感覺。

29…
意外地
好沉重…

一進入今年，經常和周邊的人們討論到二十九與三十。

姊姊還是
二十幾歲
嗎？

我還以為妳早就
過三十歲了欸

弟弟竟然不知道我的年紀。

不記得自己在十九
歲的最後做了什麼
事。二十九歲的最
後好像應該至少
做件瘋狂的事情
才對…

是嗎？
砰 砰

…可是我並
不想做瘋狂
的事。

想要很有意義又爽快
地度過

砰 砰
噴 噴

老公呈現出「只要有遊戲機在手，就算是八十歲也無所謂」的氣勢。

不能如此活著，
也不能就此死去
的三十歲來了。

可怕吧？

妳對年紀那麼在意啊？

朋友說對年紀沒有很強的想法。
似乎除了我之外，大家都很正常地面對。
只有我一個人大驚小怪地，感覺很沮喪。

我以為人到了
三十歲，夢想
也該實現了。

原來時間過的
那麼快又容易

然後在某天刺繡課程中，

一起上課的阿姨們
豎起耳朵
我認識的某
個人已經50
歲了，
嗯

他說，回頭看看，四十多歲的時候最幸福。
呵呵，沒錯。我也覺得現在最幸福。

還剩下很多。

一確定了此事就感到心安。

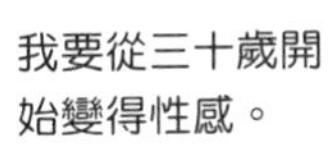
我要從三十歲開始變得性感。

2010
那是下定決心就做得到的嗎？

但是年紀話題還是很有趣。

結束

※ 作家 註

二十九歲的時候還真是樂觀呢。
…
現在已經三十二歲。

妳兩年之後會長法令紋！！
笨蛋女人

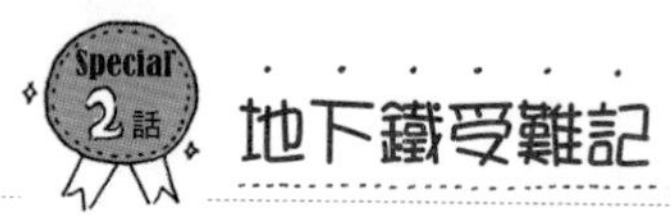
Special
2話
地下鐵受難記

2007年春天來到首爾。

電腦主機

到了首爾之後，第一件讓我驚訝的是
人真的很～～～～～多的這件事。

看不到皮膚的顏色…
乘車處

在首爾開始工作了兩三個月左右的時候，
上下班時間的洶湧人群……

生活在釜山時，超會找位置的我，

在別人意識到有空位之際，我已經行動了

我為妳感
到丟臉…
端正

現在即使是空蕩的列車來了，也不一定找得到位置。

這是什麼
神速的上班族？
為什麼能夠那麼
迅速？！
咻
咻
咻

曾經被急速關上的門夾到過；

砰
夾

不要推
奔跑

90°
嗯？

180°
嗯？？

咻

甚至有從入口處
被彈出來過。

媽我想妳

多虧我的高品質人類本能(？)之福，
很快地就習慣了。

車門要關了

貼

〈 默劇 〉

咚

呼
10
10
10

沒有不能習慣的事情。

……
哈哈
看連續劇

結束

韓先喜歡看著電視廣告吐槽。

爽快地活著，
Bravo！
真是開心
哈哈，
給你們A+！
笑死人～
人生哪有那麼
簡單～？！
怎麼可能在神聖的
教室內跳起舞來
噗，
又開始了。

不過是廣告，隨便看看就好，
韓先卻老是很認真地反應。

逆流向上克服
水勢的鮭魚之
力對皮膚⋯
Skin
Food
請不要吃
了，請把
營養讓給
皮膚～
討厭！！
明明是食物！！
鮭魚壽司超級好
吃的欸！
也不要用命令句！！

最近過得好嗎？
朋友的言語──
喔，
那廣告…
用傲驕來回答。
咻
忽然
不要！！
關你什麼事！！
真讓人火大！
果然。

在沉默木訥的氣氛中長大的我，
對於老是坐立不安又動來動去的韓先感到很神奇。

只要借來一兩個月就夠了～
噹
不想聽到
可惜的聲
音～

這真的是很有趣的事情。

打電話來吧！
1588- XXXX
想要借別人的錢
應該要彎～腰！
鞠躬才對啊！！
同心
年輕人的心思
怎麼可以那麼
貪婪！！

喔！
意見一致！
耶咿～
拍 拍
Give me five
……

結束

Special
4話
快活地逛市場

超市關門前三十分快活地逛市場♪

啦啦啦

果斷地拿起籃子掛在左手上～♪

本來450元的炸豬排現在299元～ ♪

吃之前請先服用一顆清心丸。
炸豬排
為什麼？

因為太好吃了會被大～大地嚇一跳喔！
砰！
天哪！
哎唷喂我的肚子～

還贈送了大叔的無聊搞笑～♪

他們看著我的眼神，喔呵呵～♪

I Need You ♪
I Need You ♪

對於厚臉皮決勝戰，我永遠都有信心～♪

便宜30%
嗯…
方糖

在打折的面前
我是不會猶豫的大嬸！

便宜30%
方糖

只要不會再次碰面～♪

請坐在這
哎唷～
沒關係！

♪
嗯嗯嗯 今天也是如此快活地逛市場～♪

Good～♪
炸豬排
炸豬排♪
Baby～♪

結束

Special
5話

聖誕節的我們

2008年的聖誕節是在家裡度過的。

聖誕節3天前

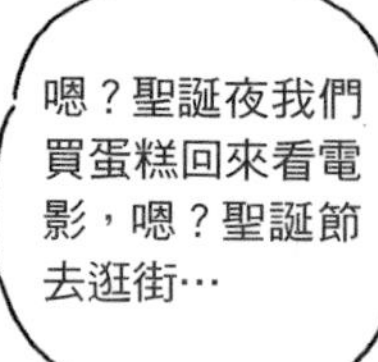
嗯？聖誕夜我們買蛋糕回來看電影，嗯？聖誕節去逛街…
整天的約會！

嗯？嗯？嗯？嗯？嗯？
知道了，知道了，就這樣做吧…

雖然做了外出的計劃，

聖誕夜

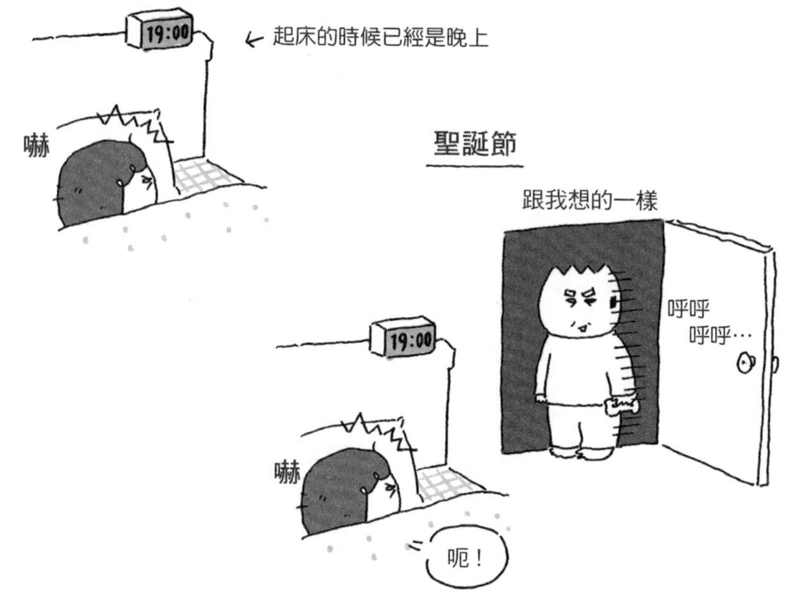
19:00
起床的時候已經是晚上
嚇
聖誕節
跟我想的一樣
呼呼
呼呼…
19:00
嚇
呃！

常常睡過頭沒辦法實施計畫。

總之聖誕夜是這樣度過的。

快點快點～！！
晚上約好要開
趴替的！
啊

在遊戲永恆紀元(Aion)中以聯合趴替的方式進入了圖羅新駐屯地。

趴替是線上遊戲中大多數的玩家為了捕抓強悍的怪物而組成的團體。

我快死了～
治療！！
治療！！！
快點幫我治療～
治癒星
他X的！
現在我自己都快
死了，還能幫你
們治療？！！

玩遊戲的時候就會變得粗俗的宅宅生活

死掉了！！
蝦咪！
什麼呀！這窮酸的怪物，
只給一些爛東西……
沒在意

3:00 AM

趴替結束後，以燒酒雞做結尾來迎接聖誕節。

嘮叨
如果我們今天失蹤的話，CSI會不會來我們家啊…
碎唸
失蹤之前最後做的事情是玩遊戲跟吃燒酒雞，好害臊喔！
24小時燒酒雞
在哪演出啊？

完全是敗者人生的演出

聖誕節是做這些料理吃吃喝喝度過的。

〈義大利麵〉

嚇
唰嚕嚕
義大利麵的份量
總是很難估測

我故意做很多的，要吃完喔！！

……

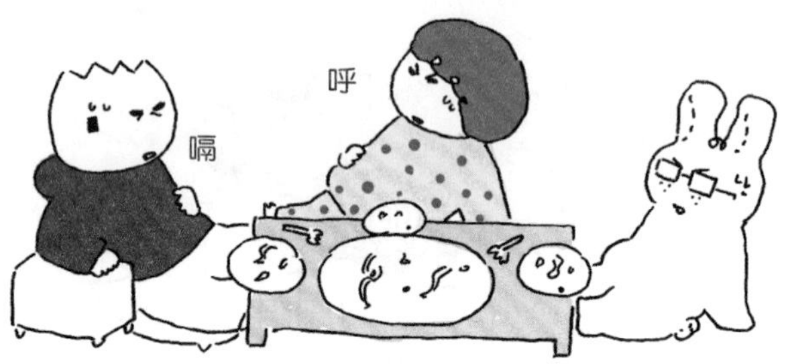

呼
嗝

嗶嗶
嗶嗶
喔！喔～！！
那是
什麼？

《焗烤芝士大蝦》

2隻

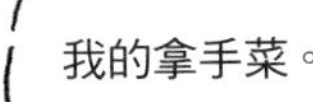
我的拿手菜。

拿手菜怎麼現在才上菜！！！

← 還不習慣做菜，
所以沒辦法抓準時間完成

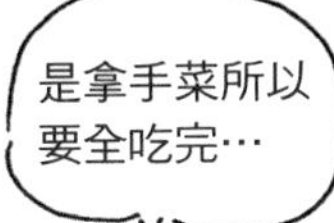
是拿手菜所以
要全吃完…

喔……

結束

Nanda的
截稿苦日子
呀
截稿結束！！！
雖然大喊截稿了，但是之後還要畫封面，收到修改封面的要求，修改封面，再收到修改封面的要求，再修改封面…
等等，知道還有一段很長的路要走，我現在是對出版有經驗的老練Nanda了！

第一本書剛出版的時候，差不多是這種心情：

有欸！
真的有我的書
真的在書店內呢！

新書

ㄎㄎㄎ
我只要收藏我的書就行了～

賣不出去也不會對我造成損失，是選擇我的出版社的失誤～ㄎㄎ

在沒有任何戲劇化的我的人生中，出現了一段小小插曲。

作家小姐，是我。我們的書…賣得很好呢！！
啊！真的嗎？
嗚哇啊！！因為我之前不斷拖稿而變得低沉的編輯L的聲音回來了？

這種語氣是合約初期時的和藹

我以為當了漫畫家可以悠哉地在咖啡店內工作。

啪啪啪啪啪畫畫後

啪啪啪啪啪上色。

欸啊，
顏色快吃進去！！

結果當然不可能這樣。

因此今天特別來到社區的咖啡店，一邊聽著今年首次的聖誕頌，一邊畫著後記。

其實兩個小時前就應該要交稿了，但是沒有看到編輯L的簡訊，他應該已經下班了。

所以到明天早上
9點前都能安心♡

請不要擔心，
今天一定會
完成的。

因為……

明天是我們的四周年
結婚紀念日喔！

要去約會
第3集
再見了！

結束

平凡小日子

有沒有我家老公的八卦？

作　　者—Nanda
譯　　者—馮筱芹
責任編輯—林巧涵
責任企劃—汪婷婷
美術設計—林家琪

平凡小日子：有沒有我家老公的八卦？
/ Nanda 著；馮筱芹譯 .
一初版 . 臺北市：時報文化，2014.12
ISBN 978-957-13-6144-4（平裝）
1. 婚姻 2. 通俗作品
544.3　　103024897

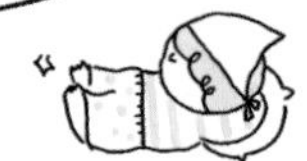

董 事 長
總 經 理—趙政岷
總 編 輯—周湘琦
副總編輯—陳慶祐
出 版 者—時報文化出版企業股份有限公司
10803台北市和平西路三段二四〇號二樓
發行專線—（〇二）二三〇六—六八四二
讀者服務專線— 〇八〇〇—二三一—七〇五
（〇二）二三〇四—七一〇三
讀者服務傳真—（〇二）二三〇四—六八五八
郵撥—一九三四四七二四時報文化出版公司
信箱—台北郵政七九～九九信箱
時報悅讀網—www.readingtimes.com.tw
電子郵件信箱—books@readingtimes.com.tw
第 三 編 輯 部
流行生活線臉書—https://www.facebook.com/ctgraphics
法律顧問—理律法律事務所　陳長文律師、李念祖律師
印　　刷—華展彩色印刷股份有限公司
初版一刷—二〇一四年十二月二十六日
定　　價—新台幣 三〇〇 元